Dietmar Hoos

111 Orte in Kassel, die man gesehen haben muss

emons:

Bibliografische Information der Deutschen Nationalbibliothek
Die Deutsche Nationalbibliothek verzeichnet diese Publikation
in der Deutschen Nationalbibliografie; detaillierte bibliografische
Daten sind im Internet über http://dnb.d-nb.de abrufbar.

© Emons Verlag GmbH
Alle Rechte vorbehalten
© der Fotografien: Susanne Hoos und Dr. Dietmar Hoos, außer
Kap. 3: Das APK, Automatischer Himmelsglobus »Kassel II«, Inv. Nr. APK U 93,
Museumslandschaft Hessen Kassel, Astronomisch-Physikalisches Kabinett;
Kap. 4: Das Archiv der deutschen Frauenbewegung, Grundgesetzentwurf mit
handschriftlichen Anmerkungen von Elisabeth Selbert, AddF; Kap. 13:
Caricatura, Beste Bilder/Susanne Hoos; Kap. 45: Das Kaskade-Kino,
denn's biomarkt/Susanne Hoos; Kap. 57: Die Landesbibliothek, Handexemplare
der Brüder Grimm, Stadt Kassel, Grimmwelt; Kap. 67: Das Marmorbad,
Innenaufnahme mit Bacchus und Merkur, Museumslandschaft Hessen Kassel,
Marmorbad, Roman von Götz; Kap. 70: Die Menagerie des Landgrafen Carl,
Johann Melchior Roos, GK 1114, Museumslandschaft Hessen Kassel,
Gemäldegalerie Alte Meister; Kap. 100: Das Tapetenmuseum, Tapeten-
Musterbuch, Museumslandschaft Hessen Kassel, Tapetenmuseum,
Foto: Susanne Hoos
Layout: Eva Kraskes, nach einem Konzept
von Lübbeke | Naumann | Thoben
Kartografie: altancicek.design, www.altancicek.de
Kartenbasisinformationen aus Openstreetmap,
© OpenStreetMap-Mitwirkende, ODbL
Druck und Bindung: B.O.S.S Medien GmbH, Goch
Printed in Germany 2016
ISBN 978-3-95451-854-8
Originalausgabe

Unser Newsletter informiert Sie
regelmäßig über Neues von emons:
Kostenlos bestellen unter
www.emons-verlag.de

Vorwort

Liebe auf den dritten Blick
Der Fernsehjournalist und Moderator Hubertus Meyer-Burckhardt bezeichnete Kassel in einer Talkshow kürzlich als »die vielleicht am meisten unterschätzte Stadt in Deutschland«. Wer hier lebt, der weiß, wie lebenswert Kassel ist. Der freut sich über die Entwicklung dieser Stadt nach dem Mauerfall 1989. Der staunt über die drittgrößte Museumslandschaft in Deutschland nach Berlin und Dresden. Der ist stolz auf das UNESCO-Weltkulturerbe Bergpark Wilhelmshöhe mit den grandiosen, 300 Jahre alten Wasserspielen.
Manchmal ist es Liebe auf den zweiten oder gar dritten Blick. Denn nicht alles in Kassel ist auf den ersten Blick schön. Dazu war diese Stadt nach dem Krieg viel zu stark zerstört, ist zu vieles unwiederbringlich verloren gegangen. Nichtsdestotrotz gibt es noch so vieles zu entdecken: Großes und Berühmtes wie den Herkules oder ein Dutzend Gemälde von Rembrandt im Schloss Wilhelmshöhe. Oder eher Unbekanntes und Verborgenes wie den Kasseler Meeressand oder die kunstvollen Himmelsgloben eines Jost Bürgi, kein Geringerer als der Erfinder der Sekunde.
Den berühmtesten Söhnen der Stadt, den Brüdern Grimm, wurde 2015 mit einem architektonisch sehr gelungenen, interaktiven Museum ein Denkmal gesetzt. Und im Fünfjahresrhythmus zieht die documenta, die größte Ausstellung für zeitgenössische Kunst, Hunderttausende Kunstinteressierte wie ein Magnet nach Kassel; und einige Künstler hinterlassen der Stadt ihre Kunstwerke – und viel wichtiger noch: eine freie, tolerante, kreative Atmosphäre.
In dieser Reihe geht es eher um weniger bekannte Orte in Kassel. Oder wissen Sie, wo die Graffitiszene ihren Treffpunkt hat, wo skurrile Glasapparaturen verkauft werden oder wo der Lieblingsdackel von Kaiser Wilhelm II. begraben liegt? Und da es zu jedem der 111 Orte noch einen Tipp gibt, können Sie sogar über 200 Orte in Kassel neu oder wieder entdecken. Gehen Sie jetzt mit uns 111 (222) Mal auf Entdeckungsreise. Vielleicht wird es ja Liebe …

111 Orte

1.— 7000 Eichen
   »Stadtverwaldung« statt Stadtverwaltung | 10
2.— Die Äpfel der Hesperiden
   Was Herkules hinter seinem Rücken verbirgt | 12
3.— Das APK
   Jost Bürgi und die Erfindung der Sekunde | 14
4.— Das Archiv der deutschen Frauenbewegung
   Wie archiviert man einen Medizinball? | 16
5.— Der Asch
   Entlang eines Wassergrabens zu Steinhofer's Teich | 18
6.— Der Aschrottbrunnen
   Kassels offene Wunde | 20
7.— Die Baracken
   KZ Buchenwald, Außenkommando Druseltal | 22
8.— Die Beckett-Anlage
   Traum von mehr bis minder schönen Frauen | 24
9.— Der Bergpark Wilhelmshöhe
   Perfekte Bühne für den Start einer großen Karriere | 26
10.— Bomber Harris' Garden
    Bier statt Bomben | 28
11.— Das Bundessozialgericht
    Generalkommando a. D. | 30
12.— Das Café Westend
    Savoir-vivre im Vorderen Westen | 32
13.— Caricatura
    Die Galerie für Komische Kunst | 34
14.— Das Carillon
    Süßer die Glocken nie klingen | 36
15.— Der Circus Rambazotti
    Macht Kinder stark! | 38
16.— Die DIAkomenta
    Wischt den Staub von der Seele ... | 40
17.— Das Du-Ry-Absturzbauwerk
    Tiefe Einblicke in die Unterwelt | 42
18.— Der Eichenhutewald
    Auf den Eichen wachsen die besten Schinken | 44

19 — Die einsame Autobahnbrücke
Flugzeugmotoren aus dem Söhrewald | 46

20 — Die Elisabeth-Selbert-Promenade
»Männer und Frauen sind gleichberechtigt« | 48

21 — Die Entdeckerrunde
18 auf einen Streich! | 50

22 — Der Erdkilometer
Wie man sieht, sieht man nichts … | 52

23 — Erdmanns Grab
Letzte Ruhestätte Roseninsel | 54

24 — Der Film-Shop
Der Welt älteste Videothek(e) | 56

25 — Das Fridericianum
Viel mehr als ein Museumsgebäude der Aufklärung | 58

26 — Der Friedhof in Mulang
Ein Engel winkt zum Abschied … | 60

27 — Der Fuldadampfer
Entschleunigend, blutdrucksenkend, beruhigend | 62

28 — Die GaleRuE
Raum für urbane Experimente | 64

29 — Die Gärtnerplatzbrücke
Schlank und rank | 66

30 — Der Glasapparate-Laden
Reagenzgläser, Tiegel und Destillen | 68

31 — Das Große Gewächshaus
Mein Schloss, mein Park, mein Kamelienbaum | 70

32 — Der Halitplatz
Mahnung zu Toleranz | 72

33 — Die Hall of Fame
Bunter Skater-Park unter grauem Autobahnbeton | 74

34 — Hans Wurst
Die Berliner Kultwurst erobert Kassel | 76

35 — Das Henschel-Museum
200 Jahre Industriegeschichte | 78

36 — Die Herz-Jesu-Kirche
Eine Kirche wie eine Pyramide – oder wie ein Zelt? | 80

37 — Der Hessencourrier
Mit der Dampflok zur Hummelwerkstatt | 82

38 — Die Holzbibliothek
Naturalien und Kuriositäten im Ottoneum | 84

39 — Der Hornaffen-Bäcker
Wie der Cass'ler Hornaffe zu seinem Namen kam | 86

40 — Das Hotel Hessenland
Wir sind wieder wer! | 88

41 — Die Hundebäckerei
Cookies for friends | 90

42 — Das ICH-Denkmal
Gut fürs Ego | 92

43 — Das Irrgärtchen
… von Amors Pfeilen getroffen | 94

44 — Die Kanonenkugel
»Startschuss« für die Treppenstraße | 96

45 — Das Kaskade-Kino
Das Lichtspielhaus mit den tanzenden Fontänen | 98

46 — Der Kassel-Airport
Wenn man mal wirklich seine Ruhe haben will | 100

47 — Die Kasseler Werkstatt
Begegnung »inklusive« | 102

48 — Kassels schönste Loggia
Einsichten und Ausblicke | 104

49 — Der Kassel-Steig
Einmal rundherum | 106

50 — Die Kesselschmiede
Mr. Wilson – Krawatten verboten! | 108

51 — Die Klosterkirche
Zisterziensisch schlicht | 110

52 — Die Knallhütte
Es war einmal ein kleines Mädchen namens Dorothea | 112

53 — Die Kombinatsgaststätte
Ein Stück Ostalgie tief im Westen | 114

54 — Der Kontaktladen
Es ist genug für alle da! | 116

55 — Die Künstler-Nekropole
Letzte Ruhestätte für documenta-Künstler | 118

56 — Das Kurbad Jungborn
Das letzte Fulda-Bad | 120

57 — Die Landesbibliothek
(Virtueller) Bewahrer von Dokumenten von Weltrang | 122

58 — Der Laserscape
Grüne Lichtlinien im Nachthimmel | 124

59 — Die Linearuhr
Zeitanzeige einmal ganz anders | 126

60 — lückenlos & bildschön
Und ewig grinst die Mickey Mouse | 128

61 — Der Luise-Greger-Weg
Eine Spurensuche auf romantischen Pfaden | 130

62 — Die Madonna von Stalingrad
Gemalte Sehnsucht und Verzweiflung | 132

63 — Der Magazinhof
Denkmal oder Schandfleck? | 134

64 — Der Mann im Turm
Eingriff in die Freiheit der documenta? | 136

65 — Marivos
Die Drei von der Tankstelle | 138

66 — Die Markthalle
Im Reich der »Schmeggewöhlerchen« | 140

67 — Das Marmorbad
Ein barockes Wunder! | 142

68 — Das Mausoleum Lenoir
Erinnerung an einen Menschenfreund | 144

69 — Der Meeressand
Wie kommt die Muschel auf den Berg? | 146

70 — Die Menagerie des Landgrafen Carl
Ein Gemälde ohne Mops ist möglich, aber sinnlos | 148

71 — Der Messinghof
Im Kreißsaal des Herkules | 150

72 — Die Mevlana-Moschee
Das blaue Wunder | 152

73 — Das mobile Fachwerkhaus
Vom Marställer Platz 7 in die Ahnatalstraße 59 | 154

74 — Das Museum für Sepulkralkultur
Nur keine Berührungsängste! | 156

75 — Die Neue Mühle
Gar nicht so neu | 158

76 — Der Niederzwehren Cemetery
Begraben in fremder Erde | 160

77 — Das Obere Ahnatal
Nur für Romantiker! | 162

78 — Der Ossenplatz
Ein Urochs ging spazmausen | 164

79___ Das Papiercafé
Alles andere als Yellow Press | 166

80___ Die Pariser Mühle
Die letzte ihrer Art | 168

81___ Das Parkdeck
Über den Dächern der Stadt | 170

82___ Die Putten
»Hallöchen Popöchen!« in Nordhessens Sanssouci | 172

83___ Der Renthof
… beugt Rauflust und Völlerei vor | 174

84___ Der Rhön-Markt
Hort russischer Seele | 176

85___ Die Riedwiesensiedlung
Häuser mit Zipfelmützen | 178

86___ Das Rosarium
Die »Zicke« von Weißenstein | 180

87___ Rotopolpress
Kassels kreative Illustratorenszene | 182

88___ Salzmann
Industriekultur im Backstein-Look | 184

89___ Der Scheibenbeisser
»Beatles for Sale« und local heroes | 186

90___ Der Schimpfworttrichter
Die Grimmwelt: vom Zettel zum Ärschlein | 188

91___ Das Schloss Schönfeld
Nicht nur ein Treffpunkt der Romantiker | 190

92___ Die Schwaneninsel
Zwischen Boule, Barock und Bowlinggreen | 192

93___ Der Seerosengarten
Claude Monet hätte seine helle Freude | 194

94___ Das Selbsterntefeld
Sie säen nicht und ernten doch | 196

95___ Die Solar Academy
Von Sunny Boys auf Sunny Islands | 198

96___ Der Sophie-Henschel-Platz
Erinnerung an eine Unternehmerin und Wohltäterin | 200

97___ Das Spohr-Museum
Auf den Spuren eines Musik-Genies | 202

98___ Der Stadthallengarten
Refugium für Ruhesuchende | 204

99 — Die Stadtimkerei
Victor Hernández und seine fleißigen Mädels | 206

100 — Das Tapetenmuseum
Geschmacksverirrungen nicht ausgeschlossen | 208

101 — Die Teufelsmauer
Seltsames verbirgt sich da im Habichtswald | 210

102 — Three to One
Und es summt und summt und summt … | 212

103 — Das Trott-zu-Solz-Denkmal
Ein Widerstandskämpfer des 20. Juli | 214

104 — Der Urwald der Exoten
Der grüne Hügel Siebenbergen | 216

105 — Das Währungsreform-Museum
Das »Konklave« von Rothwesten | 218

106 — Der Waschbär-Treff
Willkommen in der Waschbärenhauptstadt Europas | 220

107 — Die Wasser-Spielereien
Ehemalige oder nie verwirklichte Wasserbilder | 222

108 — Der Weinbergbunker
Im kühlen Kalksteinlabyrinth | 224

109 — Der Western Shop
Wilder Westen in Wehlheiden | 226

110 — Die Wurst-Manufaktur
Ahle Wurscht: Das ganze Schwein muss rein! | 228

111 — Ziege & Harjes
Piraten gehen immer | 230

1 __ 7000 Eichen

»Stadtverwaldung« statt Stadtverwaltung

War das eine Aufregung zur Eröffnung der documenta 7 im Frühsommer 1982! Der Friedrichsplatz sah aus wie ein Trümmerfeld! 7.000 Basaltstelen türmten sich wie ein riesiger Keil vor dem Fridericianum. Joseph Beuys schickte sich an, aus ihnen sein größtes, sozialstes und ökologischstes Kunstwerk zu schaffen – und es der Stadt Kassel, den Bürgern, der Stadtverwaltung zu schenken. Titel: 7.000 Eichen. Fünf Jahre sollte es dauern, bis die letzte Eiche gepflanzt, die letzte Basaltstele danebengesetzt, der Friedrichsplatz wieder freigeräumt war. Joseph Beuys hat die Fertigstellung seines ersten Kunstwerks außerhalb eines Museums nicht mehr erlebt. Er starb 1986; sein Sohn pflanzte den letzten Baum am Eröffnungstag der documenta 8 (am 12. Juni 1987) neben den ersten, direkt vor das Fridericianum. Was wollte uns Beuys mit den »7000 Eichen« sagen? Was mit dem Untertitel »Stadtverwaldung statt Stadtverwaltung«?

Seit ihrer Gründung war Beuys bei den Grünen engagiert. Ökologie, Umweltschutz und naturnähere Gestaltung urbanen Lebensraums waren aufkeimende Themen zu Anfang der 1980er Jahre. Ursprünglich sollte seine erste »Soziale Skulptur« durch Spenden finanziert werden, was nur zum Teil gelang. Eine New Yorker Stiftung gab eine Anschubfinanzierung, Beuys selbst schmolz sehr medienwirksam eine Kopie der Krone des Zaren Iwan des Schrecklichen zu »Der Friedenshase und Zubehör« um und verkaufte dieses Kunstwerk, um die »7000 Eichen« zu finanzieren; im japanischen Fernsehen machte er gar Werbung für Whiskey, um sein Projekt realisieren zu können.

Im Übrigen wurden nicht nur Eichen gepflanzt, sondern zum Beispiel auch Platanen, Eschen oder Robinien. Ironie der Geschichte: Die Stadtverwaltung muss sich nun um die »Stadtverwaldung« kümmern – was sie gern tut, denn das Stadtbild profitiert bis heute nachhaltig von der Begrünung durch Beuys »7000 Eichen«.

Adresse zum Beispiel in der Nähe der Ochsenallee südlich der Prinzenquelle, 34130 Kassel-Kirchditmold (achten Sie überall im Stadtbild und an den Ausfallstraßen auf Basaltstelen neben Bäumen) | **ÖPNV** Tram 8, Haltestelle Prinzenquelle | **Tipp** Die Prinzenquelle versorgte in früheren Zeiten Kassel mit Frischwasser; sie liegt im Quellhorizont des Habichtswaldes. Die Gegend ist ein überaus beliebter Treffpunkt von Hundefreunden.

2 Die Äpfel der Hesperiden
Was Herkules hinter seinem Rücken verbirgt

Es lohnt sich, das Bürschchen von hinten zu betrachten! Wegen seiner breiten, muskulösen Schultern, wegen seines wirklich wohlproportionierten Pos, wegen seiner strammen Waden. – Und wie er sich so lässig und entspannt auf seine Keule stützt! Doch was verbirgt er denn in seiner rechten Hand hinter seinem Rücken? Es sind die drei Äpfel der Hesperiden. Die hat er gerade dem tumben Titanen Atlas abgeluchst, der sie für ihn gepflückt hatte. Währenddessen stemmte Herkules anstelle von Atlas das Himmelsgewölbe. Dieser, von der Last befreit, wollte es nun partout nicht mehr zurücknehmen. Der listige Held bat den Titanen, das Firmament nur noch einmal kurz zu halten, damit er sich ein Stück Stoff als Polster unterlegen könne. Atlas ging auf den Deal ein – und trägt das Himmelsgewölbe vermutlich bis heute.

Warum steht die Figur des Herkules seit 1717 am höchsten sichtbaren Punkt der Stadt? Erstens: Die griechische Mythologie kam damals gerade groß in Mode. Zweitens: Landgraf Karl hatte den Herkules Farnese in Rom gesehen, nach dessen Vorbild er geformt ist. Drittens: Es handelt sich um eine programmatische Aussage! Herkules galt als unbezwingbar und tugendhaft; den Göttern hatte er geholfen, die Giganten zu besiegen, und war dafür in den Olymp aufgenommen worden; als Halbgott also den Göttern gleich. Zwölf Heldentaten hatte er vollbracht und größten Gefahren getrotzt. Doch er ist hier nicht kämpfend dargestellt, was durchaus möglich gewesen wäre, sondern entspannt nach geglückter Tat, geradezu milde … Unbezwingbar, tugendhaft, göttergleich, heldenhaft, friedfertig, milde – ganz wie Landgraf Karl selbst, oder?

Ein paar Fakten: Die Figur ist 8,25 Meter hoch. Sie steht auf einem (inklusive Pyramide) circa 62 Meter hohen Riesenschloss, dem Oktogon, und wurde 1714 bis 1717 vom Augsburger Goldschmied Johann Jacob Anthoni aus wenige Millimeter starkem Kupferblech getrieben.

Adresse Bergpark Wilhelmshöhe, 34131 Kassel-Wilhelmshöhe | **ÖPNV** Bus 22, Haltestelle Herkules | **Öffnungszeiten** 15. März–15. Nov. Di–So 10–17 Uhr, Mai–3. Okt. täglich Mo 10–17; von außen jederzeit zu besichtigen | **Tipp** Von dem grandiosen Blick vom Herkules herab auf die Kaskaden und auf Kassel und dem Besuch des architektonisch sehr gelungenen Besucherzentrums einmal abgesehen, lohnt es sich, dem Habichtswaldsteig in nordwestlicher Richtung bis zu den landschaftlich bezaubernden Hute-Weideflächen hinter dem Herkules zu folgen (circa 15 Minuten).

3 Das APK
Jost Bürgi und die Erfindung der Sekunde

Was kaum jemand weiß: Ende des 16. Jahrhunderts befand sich in Kassel die erste feststehende Sternwarte in Europa. Landgraf Wilhelm IV. der Weise – der »Ptolemäus von Kassel« – galt damals »als Fürst unter den Astronomen und als Astronom unter den Fürsten«. In Kassel entstand zwischen 1560 und 1590 der genaueste Sternenkatalog seit Ptolemäus – seit fast 1.500 Jahren also!

30 Jahre lang vermaßen der Landgraf selbst und seine beiden kongenialen Mitarbeiter – der Mathematiker und Astronom Christoph Rothmann und der Schweizer Uhrmacher, Instrumentenbauer und Mathematiker Jost Bürgi – die Fixsterne. Fernrohre gab es damals noch nicht, daher peilte man die Himmelskörper mit anderen außerordentlich präzisen Instrumenten an. Erstmals in der Geschichte der Astronomie benutzte man außerdem eine Uhr, um die exakten Positionen der Sterne zu bestimmen. Bei dieser von Jost Bürgi entwickelten »Wunderuhr mit Kreuzschlaghemmung« konnte man 1585, über 70 Jahre vor der Erfindung des Pendels, vermutlich zum ersten Mal auf dieser Welt eine einzelne Sekunde ticken hören!

Warum weiß man von alledem so wenig? Christoph Rothmann verließ wegen einer mysteriösen Krankheit 1590 urplötzlich den Landgrafenhof, ohne seine Ergebnisse veröffentlicht zu haben. Und der geniale Jost Bürgi – sein Landgraf nannte ihn einen »zweiten Archimedes« – tat sich mit dem Publizieren schwer, weil er der Wissenschaftssprache Latein kaum mächtig war. Dafür fertigte er ebenso kunstvolle wie präzise astronomische Uhren oder mechanische Himmelsgloben. 1604 folgte er dem Ruf Kaiser Rudolfs II. nach Prag, um dort dem berühmten, aber leider fehlsichtigen Astronomen Kepler dabei zu helfen, die Planetenbahnen zu beobachten und zu berechnen.

Die Kasseler Sternwarte des ausgehenden 16. Jahrhunderts und deren Instrumente kann man im Astronomisch-Physikalischen Kabinett (APK) in der Orangerie bewundern.

Adresse An der Karlsaue 20c (Orangerie), 34121 Kassel-Südstadt | **ÖPNV** Bus 16, Haltestelle Orangerie | **Öffnungszeiten** Di–So 10–17 Uhr, Do 10–20 Uhr | **Tipp** In der Orangerie befindet sich auch ein Planetarium; Infos zu Programm und Vorführungszeiten gibt's an der Kasse oder unter Tel. 0561/31680500, www.museum-kassel.de.

4 Das Archiv der deutschen Frauenbewegung
Wie archiviert man einen Medizinball?

Es ist das größte seiner Art in Deutschland. Es ist das Gedächtnis der deutschen Frauenbewegung von 1800 bis 1970. Es bewahrt über 35.000 Bücher, circa 1.900 Zeitschriften, Nachlässe von Frauen-Vereinen und -Verbänden ... und einen Medizinball. Er stammt von einer 1928 gegründeten Frauengymnastikschule aus der Rhön.

»Erforschen, erinnern, bewahren« lautet das Motto des »Archivs der deutschen Frauenbewegung«. Den gesamten Nachlass derjenigen Frau kann man hier bewundern, die die Gleichberechtigung der Geschlechter im Grundgesetz verankert hat: die Kasseler Juristin Elisabeth Selbert. Sogar ein Grundgesetzentwurf mit handschriftlichen Anmerkungen schlummert in den grauen Archivboxen – ein einzigartiger Schatz! Daneben Informationen zur ersten (1956) Kasseler Ehrenbürgerin Sara Nußbaum, die 1942 ins KZ Theresienstadt deportiert worden war und dort zahlreichen Mithäftlingen das Leben rettete; 1946 kehrte diese bemerkenswerte Frau trotz allem, was ihr hier angetan wurde, in ihre Heimatstadt zurück.

Jeder Mann und jede Frau kann sich in dem angenehm möblierten Lesesaal informieren über berühmte Frauen der Geschichte oder über Themen wie zum Beispiel Abstinenz und Anarchistinnen, Alte Jungfern und Antifeminismus, Landfrauen und Lesben, Mode und Musen, Nonnen und Philosophinnen, Sexualität und Sittlichkeit. Zweimal im Jahr erscheint die Zeitschrift »Ariadne«, ein Forum für Frauen- und Geschlechtergeschichte. Gegründet wurde das Archiv 1983 von einer Gruppe Kasseler Frauen rund um Dr. Sabine Hering. Eröffnungstag des Archivs war, wie könnte es anders sein, ein Weltfrauentag: der 8. März 1984. Finanziert wird es vom Land Hessen, einer Stiftung, einem Förderinnen-Verein und der Stadt Kassel; genutzt meist von SchülerInnen, JournalistInnen und WissenschaftlerInnen.

Adresse Gottschalkstraße 57, 34127 Kassel-Nord-Holland, Tel. 0561/9893679, www.addf-kassel.de | **ÖPNV** Tram 1, 5, RT 3, RT 4, Haltestelle Halitplatz | **Öffnungszeiten** Di – Do 11 – 17 Uhr oder nach Vereinbarung | **Tipp** In der Gutenbergstraße 5 lebte von 1905 bis 1911 Philipp Scheidemann (geboren 1865 in Kassel, gestorben 1939 im Exil in Kopenhagen). Der SPD-Politiker rief am 9. November 1918 in Berlin die Deutsche Republik aus, war 1919 Reichsministerpräsident und 1920 bis 1925 Oberbürgermeister von Kassel.

5 Der Asch

Entlang eines Wassergrabens zu Steinhofer's Teich

Romantisch versteckt ruht er ganz einsam am Rande des Bergparks Wilhelmshöhe – ein kleiner See, eher ein Teich mit einem winzigen Inselchen mittendrin: der Asch. Im Sommer ein überaus angenehmer Ort, um der Hitze des Kasseler Beckens zu entfliehen. An trüben Herbst- und Wintertagen allerdings fast etwas unheimlich, weil meist völlig verlassen mitten im Wald gelegen.

Das Besondere am Asch ist sein Zufluss: eine etwa einen Kilometer lange, offene, gemauerte Wasserzuleitung, vergleichbar den künstlichen Wasserläufen auf der Insel Madeira, den sogenannten »Levadas«. Die sorgfältig geschichteten Steine sind von allerlei Moosen überwuchert. Diesem schmalen Wassergraben kann man auf ebenen Wegen oberhalb des Druseltals wunderbar bis nach Neuholland folgen. Dort befand sich ehemals ein Braunkohlebergwerk, die Grube Herkules. Hauptsächlich mit dem Grubenwasser dieser Zeche sowie Wasser aus dem Druselbach werden die »Levada« und damit der Asch bis heute gespeist. Er ist also kein natürlicher See. Wasserkunst- und Brunneninspektor Karl Steinhofer hat ihn in der Regierungszeit Landgraf Wilhelms IX. (1785–1821) angelegt, um die Versorgung der romantischen Wasserspiele im Bergpark sicherzustellen. Mit dem Wasser des Asch wird der Steinhöfer Wasserfall bespielt und das Fontänenreservoir versorgt, das wiederum die Fontäne, den Wasserfall unter der Teufelsbrücke, das Aquädukt und die Peneuskaskaden speist.

Den älteren »Kasselänern« war der Asch immer ein bisschen unheimlich: »Dort gingen viele ins Wasser, wenn sie nicht mehr weiterwussten«, raunte man sich hinter vorgehaltener Hand zu. Und tatsächlich haben sich in früheren Zeiten in diesem Tümpel wohl einige Unglückliche ertränkt.

Wäre noch die Frage zu klären, woher der Teich seinen merkwürdigen Namen hat: »Asch« bedeutet mundartlich möglicherweise »Topf«; ein Topf voller Wasser also?

Adresse Asch im Bergpark Wilhelmshöhe (oberhalb der Löwenburg), 34131 Kassel-Bad Wilhelmshöhe | **ÖPNV** Bus 22, Haltestelle Neuholland; der Weg durch den Biergarten der Gaststätte entlang des Wassergrabens zum Asch ist beschildert (circa eine halbe Stunde) | **Tipp** Vom Asch dem Weg mit der Markierung »H« hinauf zum »Kleinen Herkules« folgen: Diese Parkstaffage wurde 1696 begonnen und nicht vollendet; hier sollten wohl ursprünglich die Kaskaden beginnen (heute etwa einen Kilometer entfernt am Herkules / Oktogon).

6 Der Aschrottbrunnen
Kassels offene Wunde

Ein merkwürdiger Brunnen ist das; Negativ-Brunnen wird er auch genannt. Ein Negativ-Brunnen? Was soll das denn sein? – Der Aschrottbrunnen reicht hinab in die Erde wie ein Trichter, anstatt sich wie jeder »vernünftige« Brunnen emporzuheben, um von oben sein Wasser lustig herabplätschern zu lassen. Vor dem mächtigen, von zwei goldenen hessischen Löwen bewachten Kasseler Rathaus rauscht das Nass zwölf Meter in die Tiefe.

Der Hintergrund ist leider bitterernst. Der Textilunternehmer Sigmund Aschrott (1826–1915) stiftete der Stadt Kassel im Jahr 1908 einen repräsentativen Brunnen mit einem pyramidenförmigen Aufsatz für den Vorplatz des neu eingeweihten Rathauses. Dieser Brunnen, von den Kasseler Bürgern entweder liebevoll »Zitronenpresse« oder ablehnend »Judenbrunnen« genannt, wurde 1939 von Nationalsozialisten zerstört, weil Aschrott jüdischen Glaubens war. Im documenta-Jahr 1987 schuf der Kasseler Künstler Horst Hoheisel ein negatives Abbild des ursprünglichen Brunnens – als Mahnmal und stete Erinnerung, als »offene Wunde« sozusagen. »Das eigentliche Denkmal ist der Passant, der darauf steht und darüber nachdenkt, warum hier etwas verloren ging«, so Hoheisel. Eine Kopie des Brunnens steht in der Holocaust-Gedenkstätte Yad Vashem in Jerusalem.

Was ist zu Sigmund Aschrott zu sagen? Sein Vermögen machte er mit dem Handel von Leinen, das er von Familien rund um Kassel in Heimarbeit weben ließ. Dieses Geld investierte er insbesondere in ein städtebauliches Projekt, das sogenannte »Hohenzollernviertel«, das heute »Vorderer Westen« genannte Gründerzeitviertel. Darüber hinaus schenkte Aschrott der Stadt unter anderen die Grundstücke der Stadthalle, der Advents- und Rosenkranzkirche und jenes zur Erweiterung des Diakonissenkrankenhauses. An Sigmund Aschrott erinnert heute auch der Aschrott-Park am westlichen Ende der Friedrich-Ebert-Straße.

Adresse Obere Königsstraße 8 (Rathaus), 34117 Kassel-Mitte | **ÖPNV** Tram 1, 3, 4, 5, 6, 8, RT 3, RT 4, Haltestelle Rathaus | **Tipp** Im Rathausinneren kann man nach dem »Staffelstab« fragen, einer Gemeinschafts-Plastik aller 23 Kasseler Stadtteile anlässlich der 1.100-Jahr-Feier 2013.

7 Die Baracken
KZ Buchenwald, Außenkommando Druseltal

Seit 1943 stehen zwei graue Baracken am Panoramaweg, die so überhaupt nicht zur umliegenden Architektur des Villenviertels Mulang passen wollen. Kaum jemand kennt ihre Geschichte: Sie wurden von Zwangsarbeitern aus dem Konzentrationslager Buchenwald, Außenkommando Druseltal, gebaut und sollten Befehlsstelle des Höheren SS- und Polizeiführers Josias Erbprinz zu Waldeck und Pyrmont werden – ein enger Vertrauter Heinrich Himmlers und verantwortlich für das Konzentrationslager Buchenwald.

Im Jahr 1943 wurden die ersten Häftlinge aus Buchenwald nach Kassel verlegt. Insgesamt 288 Menschen waren zwischen 1943 und 1945 im Druseltal (Hausnummer 85) in einem viel zu engen Lagerraum neben einem Fachwerkhaus eingepfercht, maximal 150 gleichzeitig. Die meisten dieser politischen Gefangenen kamen aus Russland und Polen, einige auch aus Deutschland, Tschechien, Frankreich, Belgien, Italien und den Niederlanden. Viele waren Handwerker. Ein holländischer Häftling namens Alfred Frederik Groeneveld berichtet über einen Marsch zum Arbeitseinsatz an den Baracken: »Es war ein seltsames Gefühl. Zivilisten begaben sich zur Arbeit, zu Fuß oder mit dem Fahrrad. Die Straßenbahn, Linie 3, fuhr vorbei, und die Fahrgäste schauten unbewegt aus den Fenstern heraus. Man hatte sich offensichtlich schon an die abgemagerten Häftlinge gewöhnt, die in Zebrakleidung und Holzschuhen durch die Gegend stolperten. Verschiedene Passanten grüßten die Posten mit einem verständnisvollen Lächeln, andere hingegen schauten nur stur vor sich hin, als wollten sie die Kolonne bewusst nicht wahrnehmen …«

Ein dunkles Kapitel der Kasseler Geschichte, wie die Farbgebung der beiden Baracken. – Ganz im Kontrast dazu der herrliche Ausblick, den man vom Panoramaweg über den Stadtteil Bad Wilhelmshöhe genießen kann. Genau derselbe Ausblick, den die KZ-Häftlinge hatten, als sie die Baracken bauten …

Adresse Panoramaweg 1, 34131 Kassel-Bad Wilhelmshöhe | **ÖPNV** Tram 3, Haltestelle Waldorfschule | **Öffnungszeiten** nur von außen zu besichtigen | **Tipp** Dem Weg bergauf über ein paar Treppenstufen (Markierungen »K1«, »E«) in Richtung Löwenburg folgen. Nach etwa 10 Minuten passiert man das »Wunschtörchen«; die Legende will, dass Wünsche in Erfüllung gehen, wenn man hindurchschreitet.

8 Die Beckett-Anlage
Traum von mehr bis minder schönen Frauen

Träumte der scheue und notorisch depressive irische Schriftsteller und Nobelpreisträger Samuel Beckett (Karfreitag 1906–1989) ausgerechnet in Kassel von »mehr bis minder schönen Frauen«? – Sicher ist: Hier hat er sich 1928 verliebt! In seine Cousine Peggy (Ruth Margaret) Sinclair. »Sam« besucht ab diesem Zeitpunkt Kassel mindestens achtmal für mehrere Wochen. In der Silvesternacht 1929/30 trennt sich das Paar jedoch schon wieder. Drei Jahre später, 1933, stirbt Peggy im Alter von nur 22 Jahren an der Schwindsucht. Da im selben Jahr auch Becketts Tante Cissie und sein Onkel William Kassel verlassen, gibt es für ihn künftig keinen Grund mehr, die Stadt zu besuchen. 1932 war er zum letzten Mal hier. An den Sinclairs schätzte Beckett den bohemianischen Lebensstil und ihr Interesse für avantgardistische Kunst und Kultur, was seine Arbeit durchaus beeinflusst haben mag.

Seiner möglicherweise ersten großen Liebe setzte Beckett 1932/33 mit seinem Debüt-Roman »Dream of Fair to Middling Women« (»Traum von mehr bis minder schönen Frauen«) ein sehr autobiografisches Denkmal. Wie in Kassel nennt er Peggy hier Smeraldina. Das Manuskript wird auf seinen Wunsch hin erst 1992 posthum veröffentlicht. Er hatte es in einer Truhe verborgen, »in der ich meine wilden Gedanken bewahre«. Der Durchbruch gelingt ihm in den 1950er Jahren mit dem grotesken Stück »En Attendant Godot« (»Warten auf Godot«). 1969 erhält er den Nobelpreis für Literatur, bleibt der Verleihungszeremonie jedoch fern. 1989 stirbt Beckett zurückgezogen und als Autor fast vergessen.

Die Sinclairs wohnten in der Landgrafenstraße 5 (heute: Bodelschwinghstraße). Dort ist jetzt eine Erinnerungsplatte in den Boden eingelassen. Aus der unmittelbar benachbarten ehemaligen Polizeikaserne ist inzwischen eine angenehme Wohnanlage geworden – die Beckett-Anlage. Einige der Hausfronten zieren Beckett-Porträts und -Zitate.

Adresse Bodelschwinghstraße 5, 34119 Kassel-Vorderer Westen | **ÖPNV** Tram 4, 8, Bus 27, Haltestelle Friedenskirche | **Öffnungszeiten** nur von außen zu besichtigen | **Tipp** Gleich um die Ecke, in der Elfbuchenstraße 4, lebte von 1898 bis 1902 der Stummfilmregisseur Friedrich Wilhelm Murnau (1888–1931). Man beachte die Fratze über dem Hauseingang, die ihn zu seiner Filmfigur Nosferatu inspiriert haben könnte.

9 Der Bergpark Wilhelmshöhe

Perfekte Bühne für den Start einer großen Karriere

Welch eine Kulisse für den allerersten Filmauftritt eines zukünftigen Weltstars! Kathrin wurde die damals 20 Jahre junge Schauspielerin in Georg Jacobys Film »So sind die Männer« gerufen und spielte in einer winzigen Nebenrolle eine Zofe. Gedreht wurde die Stummfilmkomödie um Jérôme Bonaparte 1922 im Bergpark Wilhelmshöhe. Die Filmcrew logierte im Schlosshotel. Die junge Schauspielerin hat von dort aus sicher den Weg zu Fuß zum benachbarten Filmset genommen und in den Drehpausen oder an freien Tagen hoffentlich auch Zeit gefunden, durch den Bergpark zu flanieren. Die Szenerie dürfte sich damals nur unwesentlich von der heutigen unterschieden haben.

Zwischen Gewächshaus und Ballsaal gelangte sie zunächst zum Schloss Wilhelmshöhe, damals noch von einer Kuppel bekrönt. Unwillkürlich wird ihr Blick hinübergezogen worden sein zur Löwenburg und hinauf zum Herkules auf dem Riesenschloss Oktogon mit den darunterliegenden barocken Kaskaden. Romantisch der Weg durch das Tal der Flora (mit gleichnamiger, leicht bekleideter Statue) zu Roseninsel und Lac. Oberhalb das chinesische Parkdorf Mulang nebst Pagode. Auf ihrem Weg bergauf passierte sie den Fontänenteich und das Jussow-Tempelchen. Wird sie auch, wie leider viele Besucher, das Grabmal des Vergil, die Cestius-Pyramide, den Merkurtempel oder die Eremitage des Sokrates übersehen haben? Sicherlich nicht übersehen hat sie das mächtige, wie von einem Erdbeben zerstörte römische Aquädukt. Unübersehbar auch die Teufelsbrücke und die Plutogrotte.

Seit 2013 ist der Bergpark selbst ein Weltstar: Er ist UNESCO-Weltkulturerbe. Seit 1696 sind mindestens drei Szenerien in einer entstanden: eine barocke Anlage, ein romantischer Park und ein Englischer Landschaftsgarten – von den grandiosen, über 300 Jahre alten Wasserspielen noch überhaupt nicht gesprochen! Ach ja! Der Name der jungen Schauspielerin: Marlene Dietrich.

Adresse Bergpark Wilhelmshöhe, 34131 Kassel-Bad Wilhelmshöhe | **ÖPNV** Tram 1, Haltestelle Wilhelmshöhe (Park) | **Öffnungszeiten** immer zugänglich | **Tipp** Wirklich reizend ist das Gästehaus »Mulang No. 6«, ein original restauriertes Häuschen des ehemaligen Chinesischen Dorfes am Rande des Bergparks (www.mulang-no6-kassel.de).

10 Bomber Harris' Garden
Bier statt Bomben

Nach dem Oberbefehlshaber der britischen Royal Air Force – und das ist durchaus als zynisch zu betrachten – ist dieser Biergarten in der Nähe des Kulturbahnhofs benannt. Sir Arthur Travers Harris war verantwortlich für die Flächenbombardements deutscher Städte und der deutschen Zivilbevölkerung, so auch für die auf Kassel am 22. Oktober 1943. Von »Ungewitters Weinkirche«, wie im Volksmund die dortige Weinhandlung genannt wurde, blieben nur noch Ruinen und zwei verschüttete Kellerräume übrig. In diesen überlebte im Feuersturm jener Bombennacht niemand außer einem kleinen Mädchen …

Ralph Raabe, Bob Wacholder und viele Freunde schufen ab 1993 aus Kassels letzter Kriegslücke einen Szenetreff für junge Leute zwischen 16 und 36+x. Neben »Bomber Harris' Garden« befinden sich hier diverse Clubs wie der A.R.M. (»Arbeitskreis rhythmussuchender Menschen«), die Lolita-Bar (nein, keine Nachtbar), das Lolita-Café (auch »Ballsaal« genannt) und die »Wiese« (die etwas gediegenere Variante für »ältere« Semester). Das Gelände wurde bewusst im halbwegs zerstörten Nachkriegszustand belassen. Die wiederentdeckten Kellerräume wurden 2012 zu zwei atmosphärisch einzigartigen Veranstaltungsräumen umgebaut, der »Kleinen« und der »Großen Weinkirche«. »Kirche« deshalb, weil die Gewölbe eher an eine Krypta erinnern und der Architekt Georg Gottlob Ungewitter ansonsten hauptsächlich Sakralbauten entwarf.

Das Sprungbrett auf dem Dach des Hotels Reiss gleich nebenan, die »Arschbombe«, ist ebenfalls Ralph Raabe zu verdanken. Dieses 2003 »aus meiner damaligen tiefen kulturellen Verzweiflung« entstandene Kunstwerk wurde in den Folgejahren leider durch eine Figur im Badeanzug verunziert, was seine Aussage völlig konterkariert. Man stelle sich ein leeres Sprungbrett auf dem Dach eines mehrstöckigen Hotels vor und die Assoziationen, die es weckt … Mit Figur wirkt es nur noch – »nett«.

Adresse Werner-Hilpert-Straße 22, 34117 Kassel-Mitte, www.armaberokay.de | **ÖPNV** RT 3, RT 4, Bus 10, 12, 17, 18, 19, Haltestelle Hauptbahnhof | **Öffnungszeiten** Biergarten: bei schönem Wetter täglich 19 – 1 Uhr; Clubs und Bars: Di – Sa kaum vor 20 Uhr, gern nach 24 Uhr | **Tipp** In der 1983 durch eine Kollektive gegründeten Kneipe »Podium« in der Kölnischen Straße 34 duzt man sich und fühlt sich einfach wohl. Drinnen wie draußen.

11 Das Bundessozialgericht
Generalkommando a. D.

Es ist einer der fünf obersten Gerichtshöfe des Bundes. Doch sprechen wir an dieser Stelle nicht über die Aufgaben des Bundessozialgerichtes, sondern über das Gebäude, in dem es untergebracht ist. Es handelt sich nämlich um eine typische, monumentale Nazi-Architektur. 1938 wurde es als Dienstgebäude für das Wehrkreiskommando IX eingeweiht und von den Kasseler Bürgern fortan nur noch »Generalkommando« genannt. Der ursprüngliche Haupteingang befand sich am Graf-Bernadotte-Platz. Der Portikus mit seinen acht hoch aufragenden Säulen wirkt bis heute ehrfurchtgebietend, ja, einschüchternd, und genau das war auch der Zweck seiner Architektur. Flankiert wird der Treppenaufgang von zwei Rossebändiger-Skulpturen in der typischen nationalsozialistischen Formensprache.

Als eines von wenigen Gebäuden überstand das Generalkommando die Bombenangriffe auf Kassel fast schadlos und wurde zunächst von den Amerikanern als Hospital und danach als deutsches Krankenhaus genutzt. Auch in den Plänen zur Bewerbung von Kassel als Bundeshauptstadt im Jahr 1948 spielte dieses Bauwerk eine wichtige Rolle: Hier sollten das Kanzleramt und das Parlament untergebracht werden.

2008/2009 wurde das Gebäude saniert. Der Haupteingang wurde nach Süden verlegt und zeigt nun zur Wilhelmshöher Allee. Davor steht das Kunstwerk »Weiches Haus« von Gabriele Obermaier, ein dem Bundessozialgericht ähnliches Gebilde, das sich zu verbiegen scheint wie Filz. So wird die ursprünglich abschreckende Nazi-Architektur aufgeweicht oder gar karikiert. Im ehemals repräsentativen Innenhof bricht ein neuer, ellipsoider und sehr transparenter Sitzungssaal die nationalsozialistische Machtarchitektur auch im Inneren auf. Dieser Saal ist nach Elisabeth Selbert benannt, der Kasseler Juristin, die sich bei der Neuformulierung des Grundgesetzes 1949 für die uneingeschränkte Gleichberechtigung von Frauen und Männern einsetzte.

Adresse Graf-Bernadotte-Platz 5, 34119 Kassel-West | **ÖPNV** Tram 1, 3, 4, 7, Haltestelle Rotes Kreuz; Bus 24, 41, Haltestelle Bundessozialgericht | **Öffnungszeiten** Sitzungs- oder Ausstellungstermine, bei denen man auch das Gebäudeinnere kennenlernen kann, siehe www.bsg.bund.de | **Tipp** In der Nähe liegt der eher wenig frequentierte Aschrott-Park; Zugang von der Goethestraße. Man beachte die Blickachse in Richtung Friedrich-Ebert-Straße!

12 Das Café Westend
Savoir-vivre im Vorderen Westen

Es gibt solche »Mauerblümchen«, solche unprätentiösen Orte, an denen man sich sofort wohlfühlt, in denen es einfach gemütlich ist, die nicht perfekt sind – und vielleicht macht es gerade das aus. Das Café Westend ist solch ein Ort. Es liegt etwas abseits, einen Straßenzug oberhalb des viel belebteren Bebelplatzes. Auf dem Trottoir vor dem Café stehen einige kleine Tische und Stühle. Der Blick schweift zu den Türmen der Friedenskirche und über die Gründerzeitfassaden der Stadthäuser des Vorderen Westens, des ehemaligen Hohenzollernviertels. Hier draußen lässt es sich gemütlich in der Sonne sitzen, den Passanten nachschauen, den sporadisch vorbeifahrenden Autos.

Im Inneren erwarten den Besucher als Allererstes zwei Sessel und eine gemütliche Bank. Hinter einer Vitrine mit selbst gebackenen Kuchen sprotzt und rauscht eine italienische Conti-Kaffeemaschine. Auf einer Art Empore ein Sammelsurium alter Tische und Stühle – beileibe nicht perfekt, aber eben gemütlich. An den Wänden Bilder einer Kasseler Künstlerin; die Ausstellungen wechseln ständig. Die Musik dudelt unaufdringlich im Hintergrund. Freundinnen unterhalten sich, ein Mann tippt etwas in seinen Laptop – ist es vielleicht ein Schriftsteller, der an seinem neuen Buch arbeitet? Schon Samuel Beckett fühlte sich ja in diesem lebenswerten Quartier wohl.

Nicole Rinau arbeitete jahrelang als Bedienung im Westend. 2015 bot sich ihr die Gelegenheit, das Café zu übernehmen. Seitdem sind die Kuchen selbst gebacken, stehen frisch zubereitete kleine Speisen auf der Tageskarte, halten viele Bio-Produkte Einzug. Die Frühstücksnamen gleichen einem bunten Wiesenblumenstrauß aus Butterblume, Gänseblümchen, Veilchen, Schlüsselblume, Kornblume, Edelweiß, Mohnblume und Wildrose. Es lohnt sich, dieses »Mauerblümchen« zu suchen und sich von ihm verzaubern zu lassen.

Adresse Elfbuchen-/Ecke Dörnbergstraße, 34119 Kassel-West | **ÖPNV** Tram 4, 8, Bus 25, 27, Haltestelle Bebelplatz | **Öffnungszeiten** Mo–Sa 9–20 Uhr, So 10–19 Uhr | **Tipp** Richtig gute italienische Antipasti, Teig-, Wurst- und Backwaren sowie leckere italienische Mittagsgerichte gibt es bei Sapori d'Italia direkt am Bebelplatz.

13 Caricatura
Die Galerie für Komische Kunst

Wo gibt es in einer Galerie schon einmal etwas zu lachen? Hier! In der Caricatura im Kulturbahnhof Kassel, dem ältesten Ausstellungsort für Komische Kunst in Deutschland. Wer sich an schwarzem Humor laben will, in bissiger Satire suhlen, dem sei ein Besuch dringend empfohlen. Doch Vorsicht! Das Lachen könnte einem mehr als einmal im Halse stecken bleiben. Die Karikaturisten und Cartoonisten verstehen da überhaupt keinen Spaß! ;-)

Im Jahr 1984 hatten einige Studenten der Kunsthochschule Kassel ihre drögen Vorlesungen und Praktika gründlich satt. Die Gruppe nannte sich »Visuelle Opposition« und lud ihre Ikonen ein, die sie aus den Zeitschriften »pardon« und »Titanic« kannten: F.K. Waechter (»Wahrscheinlich guckt wieder kein Schwein«) und F.W. Bernstein (»Die schärfsten Kritiker der Elche waren früher selber welche«). Das war die Initialzündung für den Verein Caricatura, der seit 1987 im Fünfjahresrhythmus parallel zur documenta die größte Übersichtsschau Komischer Kunst im deutschsprachigen Raum präsentiert. Die »Caricatura Galerie für Komische Kunst« wurde gut acht Jahre später eröffnet, im November 1995. Sie will Plattform sein für Karikatur, Cartoon, Komische Zeichnung und Komische Malerei, aber auch für Lesungen und satirische Bühnenprogramme. Insbesondere der Nachwuchs wird gefördert: Aus der jährlichen Sommerakademie für Komische Kunst sind seit 2007 bereits einige Protagonisten der Szene hervorgegangen. Mehrere wechselnde Ausstellungen gibt es pro Jahr; außerdem einen Buch- und Postkartenshop, in dem man herrlich-witzige Geschenke finden kann, sowie eine Café-Bar.

Eingebunden ist die Caricatura in den ersten »Kulturbahnhof« Deutschlands (seit 1995), den ehemaligen Kasseler Hauptbahnhof. Dieser beherbergt unter anderem die Arthouse-Kinos »BALi«, den Offenen Kanal Kassel, die Kneipe »Gleis 1«, Ausstellungs- und Veranstaltungsräume und das Spohr-Museum.

Adresse Rainer-Dierichs-Platz 1 (Kulturbahnhof), 34117 Kassel-Mitte | **ÖPNV** RT 1, RT 4, RT 5, Bus 10, 12, 17, 18, 19, Haltestelle Hauptbahnhof | **Öffnungszeiten** Di–Sa 12–19 Uhr, So 10–19 Uhr | **Tipp** Auf dem Bahnhofsvorplatz strebt der von den Kasselern heiß geliebte »Himmelsstürmer« scheinbar unaufhaltsam in den Äther. »Man walking to the Sky« von Jonathan Borowski (documenta IX, 1992), so sein offizieller Name.

14 Das Carillon
Süßer die Glocken nie klingen

Die Karlskirche, die oben genanntes Instrument trägt, ist nüchtern – von außen wie von innen. Eine typische protestantische Predigerkirche. Sie besticht nicht durch ihre achteckige Form, nicht durch sonstigen Schmuck oder Zierrat – sie besticht durch ihren Klang: ein Carillon, ein Glockenspiel, zaubert die schönsten Töne über die Dächer der Stadt. Was heißt »zaubert«? Es gehört schon ein Carilloneur mit einer gehörigen Portion Muskelkraft dazu, die 47 Glocken mit Händen und Füßen zum Klingen zu bringen. Ein wahrlich selten gespieltes und gehörtes Instrument; in ganz Deutschland gibt es nur etwa 40 davon. Ob alle Nachbarn sonntagmorgens davon genauso begeistert sind, sei einmal dahingestellt.

Das Carillon wurde 1957 auf der Karlskirche installiert und in den Jahren 1989 und 1995 auf vier Oktaven erweitert. Die Glocken stifteten Gemeindemitglieder, meist zur Erinnerung an gefallene Familienangehörige; daher wird bis heute nur geistliche Musik gespielt. Ein steter Zuhörer ist Landgraf Karl. Der steht als Standbild vor der Kirche und auf dem Platz mit seinem Namen. Wieso ausgerechnet Karl? Der Landgraf lud Ende des 17. Jahrhunderts calvinistische französische Glaubensflüchtlinge, die Hugenotten, ein, sich in seiner reformierten, protestantischen Landgrafschaft Hessen-Kassel niederzulassen. Ein kluger Schachzug, denn meist handelte es sich um gut ausgebildete und handwerklich geschickte Leute. Für diese »Réfugiés« ließ er durch seinen hugenottischen Hofbaumeister Paul du Ry die südlich der damaligen Stadttore gelegene Oberneustadt und die Karlskirche planen und erbauen. Der Name »Fünffensterstraße« erinnert bis heute an die spezielle Bauform der Hugenotten-Häuser.

Die Karlskirche wurde 1710 geweiht. Bis 1867 predigte man hier noch in französischer Sprache. 1943 wurde die Kirche zerstört und bis 1957 in vereinfachter Form wiederaufgebaut.

Adresse Karlsplatz, 34117 Kassel-Mitte | **ÖPNV** Tram 1, 3, 4, 5, 6, 8, RT 3, RT 4, Haltestelle Rathaus | **Öffnungszeiten** Das Carillon wird vor jedem Sonntags- oder Feiertagsgottesdienst gespielt, 9.30–9.50 Uhr; außerdem: Mo, Mi 17.30–18 Uhr, Fr 11.30–12 Uhr | **Tipp** Eintreten, Augen schließen und einen tiefen Atemzug durch die Nase nehmen: dieser unwiderstehliche Duft nach frisch geröstetem Kaffee! Wo? Bei: »Die Kaffeerösterin« in der Wilhelmsstraße 31.

15 Der Circus Rambazotti
Macht Kinder stark!

Es duftet unwiderstehlich nach Popcorn, nach Kaffee und nach selbst gebackenem Kuchen: Premiere beim Kindercircus Rambazotti. Großeltern sitzen auf Plüschsofas, Enkel wuseln über abgewetzte Perserteppiche. Eltern sind ein bisschen aufgeregt, Premierengäste gespannt. Bunte Zirkus-Plakate ehemaliger Vorstellungen zieren die Wände. Ein paar zusätzliche Stühle werden geholt. Der Andrang ist größer als erwartet. Alles wirkt liebevoll improvisiert.

Dann öffnen sich die breiten weißen Flügeltüren. Kinder drängen ganz nach vorne. Dort gibt es die besten Plätze. Die Allerkleinsten dürfen es sich auf Matten gemütlich machen. Die Manege ist rund, wie es sich für einen Zirkus gehört. Darüber ein goldener Balkon. Der Raum wirkt wie ein Zelt aus gelben, roten, blauen Planen. Endlich geht es los! Buntes Scheinwerferlicht flammt auf. Musik setzt ein. Eine fröhliche Schar Kinder und Jugendlicher zwischen zehn und 16 stürmt die Manege. Und dann staunt das Publikum, wie konzentriert und professionell Einradfahrer über die Bühne taumeln, Trapezkünstler Kunststücke in höchster Höhe wagen, Diabolo-Jongleure rotierende Doppelkegel durch die Luft schleudern und gekonnt wieder auffangen, Stelzenläufer durch Zuschauerreihen staksen, Pyramiden aus Menschen in die Höhe streben, Artisten sich an langen weißen Tüchern von der Decke wickeln. Zum Glück muss hier niemand perfekt sein und kriegt trotzdem seinen verdienten Applaus. Nichtsdestotrotz ist das Niveau hoch. Chapeau!

Vor über einem Vierteljahrhundert hat Iris Riedmüller den Kinder- und Jugendzirkus Rambazotti gegründet. Sie wolle die Welt ein bisschen verbessern, meint sie. Seit 2001 hat der Zirkus ein festes Domizil in einer ehemaligen Flakhalle auf der Marbachshöhe. Welch gelungene Konversion! Der Zirkus finanziert sich ausschließlich aus Eintrittsgeldern und Spenden. – Und er macht Kinder stark!

Adresse Ludwig-Erhard-Straße 21, 34131 Kassel-Bad Wilhelmshöhe (Marbachshöhe), www.circus-rambazotti.de | **ÖPNV** Tram 4, (7), Haltestelle Marbachshöhe | **Öffnungszeiten** Vorstellungstermine siehe Homepage | **Tipp** In den gegenüberliegenden ehemaligen Panzerhallen befinden sich: die Bio-Kantine »Biond« (Mo–Fr 11.30–14 Uhr), der Kinderhort »Iakchos«, zwei Künstler-Ateliers von Stefan Mitzlaff und Arno Reich-Siggemann, die »Kunst-Werkstatt« für jedermann und die Musikschule »Klavieraktiv«.

16 Die DIAkomenta
Wischt den Staub von der Seele ...

»Kunst wischt den Staub von der Seele«, soll Pablo Picasso einmal gesagt haben. Dieser Satz steht ganz bewusst am Anfang dieses ebenso monumentalen wie anrührenden Außen-Kunstwerks. Ein Dutzend Blätter, die genauso gut Seifen- oder Gedankenblasen sein könnten, färben eine über 100 Meter lange Betonstützwand entlang der Schillerstraße leuchtend bunt. Jedes Blatt steht für einen Monat; die Grundfarben changieren von dunklem Blau über kraftvolles Grün hin zu warmen Rot-, Orange- und Gelbtönen. Inhaltlich geht es um Themen, die die Bewohner und Beschäftigten der gegenüberliegenden sozialen Einrichtungen bewegen: Weltfrieden, Schöpfung, Mensch und Natur, Klimawandel und Erneuerbare Energien, Umweltzerstörung, Stress, Hektik und Lärm, Globalisierung, Menschen und Seelen fressender Turbo-Kapitalismus; aber auch um Trauer und Glück, um Gesundheit und Krankheit.

Wer sind die Menschen, die diese gewaltige Wandmalerei im Jahre 2007 gemeinsam geschaffen haben? Zum einen der nicaraguanische Künstler Daniel Ricardo Ortiz Polido. Zum anderen psychisch erkrankte Beschäftigte der »diakom« und Bewohner mit Suchthintergrund des Heinrich-Lambach-Hauses (Blau Kreuz Zentrum). Die Zeichnungen inner- und außerhalb der Blätter sind projizierte Skizzen, die in gemeinsamen Brainstorming-Runden entstanden waren. Die technische und zeichnerische Umsetzung und das zwölfte Blatt stammen von Daniel Polido selbst. Auf diesem letzten Blatt geht es um die Zerstörung Kassels im Zweiten Weltkrieg: »10.000 Tote«, ist dort zu lesen, »11.650 Verwundete, 397.490 Zwei-Kilo-Bomben, 19.366 15-Kilo-Bomben«. Ironie der Geschichte: Keine 500 Meter entfernt von dieser Stelle werden bis heute Panzer gefertigt.

Dieses Wandbild zeigt die Welt durch die Augen von psychisch kranken oder von einer Sucht betroffenen Menschen! Das macht es so anrührend. – Das »wischt den Staub von der Seele« ...

Adresse gegenüber Schillerstraße 54–62, 34117 Kassel-Nord-Holland | **ÖPNV** Bus 12, 18, 19, Haltestelle Reuterstraße | **Tipp** In der Kreativwerkstatt des Blauen Kreuzes in der Schillerstraße 60–62 kann man schöne Geschenke und Kunsthandwerk kaufen; und Herr Glahs führt Sie auf Anfrage gern durch den dahinterliegenden Erlebnisgarten (Tel. 0561/405051).

17_Das Du-Ry-Absturzbauwerk

Tiefe Einblicke in die Unterwelt

Dieses Gebilde wirkt zunächst wie ein moderner, aus Beton gegossener Parkscheinautomat des Parkplatzes gleich nebenan. Tritt man näher heran, blickt man in einen schrägen Schacht und dahinter in einen senkrechten, beide mit Panzerglasplatten gesichert. Ein Touchscreen erläutert, womit man es zu tun hat. Es ist ein »Absturzbauwerk«. An genau dieser Stelle muss – insbesondere nach starken Regenfällen – eine große Menge Abwasser einen Höhenunterschied von zwölf Metern überwinden. Damit die herabstürzenden Wassermassen nicht den Kanal und den Schacht zerstören, wird dieses spezielle, unterirdische Bauwerk dazwischengeschaltet. Dieser Ort gewährt tiefe Einblicke in das, was ansonsten im Verborgenen geschieht, und zwar ohne dafür eine Expedition in Gummistiefeln und Wathosen durch Kassels Kanäle unternehmen zu müssen – was ohnehin nicht jedermanns Sache wäre und bei Regen sogar regelrecht lebensgefährlich!

Und so funktioniert das System: Das Wasser trifft zunächst auf eine Prallplatte und wird danach durch kaskadenartige Hindernisse abgebremst. Eine unvorstellbare Wassermenge von bis zu 4.500 Litern kann pro Sekunde (!) durch dieses ausgeklügelte Kanalkonstrukt fließen.

Mehr über das Du-Ry-Absturzwerk, das über 800 Kilometer lange Kasseler Abwassernetz und die Reinigung des Kasseler Wassers in der Kläranlage in Kassel-Wesertor erfährt man, wenn man keine Berührungsängste vor dem Touchscreen hat. Er zeigt den Bau des Absturzbauwerks und lässt den Betrachter an einer virtuellen Führung durch die Kanäle oder durch das Klärwerk teilnehmen. So bringt der städtische Wasserversorger »Kassel Wasser« die Menschen auf sehr anschauliche Art mit einem Thema in Berührung, vor dem wir uns sonst eher ekeln: unser aller Abwasser. Und er gewährt tiefe Einblicke in sonst verborgene Unterwelten.

Adresse Du-Ry-Straße (zwischen Staatstheater und Regierungspräsidium), 34117 Kassel-Mitte | **ÖPNV** Bus 16, Haltestelle Staatstheater | **Öffnungszeiten** immer zu besichtigen | **Tipp** Bei dem funktionslos erscheinenden, mäandernden Ziegelmauerwerk gegenüber handelt es sich um das documenta-9-Kunstwerk »Raumskulptur« von Per Kirkeby aus dem Jahr 1992. Schreiten Sie ruhig einmal hindurch!

18 Der Eichenhutewald
Auf den Eichen wachsen die besten Schinken

Welch eine Ausstrahlung! Welch eine Würde! Welch eine Kraft! Wie ein begehbares Gemälde wirkt dieser Ort. Knorrige Stämme, moosbewachsene Äste, weit ausladende Kronen. 150 bis 300 Jahre alt sind die mächtigen Eichen im Hutewald am Dachsberg zwischen Konrad-Adenauer-Straße, Dachsbergstraße und Naturschutzgebiet Dönche. Doch was ist eigentlich ein Hutewald?

Es ist keine natürlich entstandene Landschaft, sondern eine historische Kulturlandschaft; eine Waldweide, auf die die Bauern früher gemeinschaftlich ihr Vieh getrieben haben. Die Kühe, Schweine, Pferde, Schafe und Ziegen ernährten sich dort von Gräsern, jungen Trieben und Knospen, Baumschösslingen und im Herbst natürlich von Eicheln. Weil Jungbäume nicht mehr nachwachsen konnten und somit die natürliche Verjüngung nicht mehr stattfand, entstand im Lauf der Jahrhunderte ein parkartiges Landschaftsbild mit uralten Baumriesen in einem lichten Bestand. In der westspanischen Region Extremadura werden Schweine noch heute in Steineichenwäldern gemästet, um so die leckeren »Pata-Negra-Schinken« zu gewinnen. Und schon Simplicius Simplicissimus wusste: »Auf den Eichen wachsen die besten Schinken.« Doch in Deutschland wäre diese einzigartige Kulturlandschaft beinahe verloren gegangen, denn spätestens Ende des 19. Jahrhundert wurde diese Art der privaten Waldnutzung durch die staatliche Forstwirtschaft unterbunden. Die Folge: Andere Baumarten siedelten sich auf den Lichtungen der Hutewälder an, und das charakteristische Landschaftsbild verschwand.

Einer Bürgerinitiative und dem Garten- und Umweltamt ist es zu verdanken, dass zehn Hektar des Kasseler Eichenhutewaldes am Fuße des Habichtswaldes wieder in seine ursprüngliche Form zurückgeführt wurden und jetzt zweimal pro Jahr von Schafen beweidet werden. So können wir heute noch die Ausstrahlung, Würde, Kraft der uralten, knorrigen Hute-Eichen spüren und dieses »Gemälde« betreten.

Adresse Konrad-Adenauer-Straße / Ecke Dachsbergstraße, 34131 Kassel-Brasselsberg | **ÖPNV** Tram 3, Haltestelle Druseltal, Bus 12, Haltestelle Im Rosental | **Tipp** Unterhalb schließt die »Dönche« an, Kassels (völlig unbewohnter) »24. Stadtteil«, das größte Naturschutzgebiet innerhalb einer Stadt in Deutschland.

19 Die einsame Autobahnbrücke

Flugzeugmotoren aus dem Söhrewald

Einen merkwürdigen Ort vor den Toren Kassels erreicht man, wenn man dem Wanderweg 17 vom Ortsrand von Wellerode (Wanderparkplatz Fahrenbachstraße) folgt. Nach etwa einer Dreiviertelstunde taucht mitten im Söhrewald unvermittelt eine Wand aus mächtigen Sandsteinquadern zwischen den Bäumen auf. Unterbrochen wird sie von einem schmalen, hohen Bogen, der mit Brettern vernagelt scheint. Nein, kein einfacher Bogen, ein Tor ist es! Eine Einfahrt. Verschlossen. Ein mächtiges Bauwerk ragt vor dem Betrachter empor. Rechts und links eine Art Hof bildend, auf drei Seiten von Betonwänden eingefasst. Bäumchen wachsen aus Fugen, Gras sprießt aus Ritzen, Flechten und Moose erobern raue Flächen.

»Betreten verboten!« warnen gelbe Schilder. Aus der Vogelperspektive betrachtet dürfte das Ganze wie ein großes »H« aussehen. Merkwürdig. Erst auf den zweiten Blick begreift man: Dies könnte eine einsam im Wald stehende, alte Brücke sein. Und das verschlossene Tor könnte der ehemalige Durchlass für einen Weg gewesen sein. Die Nischen oder »Höfe« rechts und links hätten dann für die niemals vorhandenen Böschungen einer breiten Straße gedient, einer Autobahn vielleicht ...

Die Antwort: Hier sollte einst Hitlers Autobahn von Kassel nach Eisenach entstehen. Aber auf eine Verbindungsstrecke zwischen diesen beiden Orten warten die Bewohner der Region bis heute. – Die alte Autobahnbrücke wurde also nie als solche genutzt. Stattdessen zu ganz anderen Zwecken! Teile der Flugzeug-Triebwerksproduktion des »Motoren Bau Werk« Kassel (MBW, ehemals Lilienthalstraße 150), eines Zweigwerkes der »Junkers Flugzeug- und Motorenwerke AG« Dessau, waren in den 1940er Jahren in die Söhrewald-Einsamkeit in der Nähe von Wellerode ausgelagert worden. Hier wurden 1944 und 1945 von Zwangsarbeitern Flugzeugmotoren produziert.

Adresse Wanderparkplatz Fahrenbachstraße, 34320 Söhrewald-Wellerode, Wanderweg 17 | **ÖPNV** Bus 37, Haltestelle Söhrewald-Wellerode Kirche | **Öffnungszeiten** nur von außen zu besichtigen | **Tipp** Ein lebendiges Dorfgasthaus mit Biergarten wie aus dem Bilderbuch ist die »Gaststätte zur Söhrebahn« in der Kasseler Straße 19; zwei Nischen sind alten D-Zug-Abteilen nachempfunden (www.soehrebahn.de).

20 Die Elisabeth-Selbert-Promenade

»Männer und Frauen sind gleichberechtigt«

So steht es seit dem 23. Mai 1949 in Artikel 3 Absatz 2 im Grundgesetz der Bundesrepublik Deutschland. Und wem haben wir diesen starken Satz zu verdanken? Einer couragierten Kasseler Sozialdemokratin und Anwältin: Elisabeth Selbert.

Heute lässt sich kaum noch nachvollziehen, welchen Mutes und welcher Durchsetzungsfähigkeit es damals bedurfte, die Gleichberechtigung im Grundgesetz zu verankern. Durchsetzungskraft nicht nur gegen politische Gegner, sondern sogar gegenüber den eigenen männlichen Parteigenossen. Zu tief verankert war das Frauenbild des Kaiserreiches und insbesondere des Nationalsozialismus, dem zufolge die Frau am Herd zu stehen und gefälligst für Nachwuchs zu sorgen hatte. Elisabeth Selbert erinnerte den Parlamentarischen Rat, der das Grundgesetz damals erarbeitete und im Übrigen aus 61 Männern und nur vier Frauen bestand, daran, wer Deutschland zerstört hatte: die Männer – und wer es nun wieder aufbaute: die Frauen. Selbert hat das schier unmöglich Erscheinende geschafft; doch bis heute sind Frauen de facto nicht in allen gesellschaftlichen Belangen gleichberechtigt.

Was hat die Elisabeth-Selbert-Promenade mit alledem zu tun? Die Politikerin und Juristin wurde 1896 ganz in der Nähe, in der Wallstraße 6, geboren; ihr Vater war Gefängnisaufseher in der nahe gelegenen Haftanstalt »Elwe«. Es lohnt sich, auf dieser Promenade in der Unterneustadt am Fuldaufer entlangzuwandeln. Wegen der schönen Ausblicke auf den Fluss und die Schlagd, die Anlegestelle der Ausflugsschiffe, auf die Stadt und die Vogt'sche Mühle, auf Fuldawehr und -schleuse, auf die Insel Finkenherd und die ehemaligen Bleichwiesen. – Und beim Promenieren kann man(n) ruhig noch einmal sinnieren über diese starke Frau und ihren starken Satz: »Männer und Frauen sind gleichberechtigt.«

Adresse Elisabeth-Selbert-Promenade (zwischen Sternstraße und Schleuse weitgehend entlang der Fulda), 34123 Kassel-Unterneustadt | **ÖPNV** Tram 4, 8, RT 3, RT 4, Bus 14, 15, 17, 18, 19, Haltestelle Unterneustädter Kirchplatz | **Tipp** Bummeln Sie unbedingt einmal durch die in den 2000er Jahren auf dem Grundriss des 1943 zerbombten Quartiers neu aufgebaute und städtebaulich sehr gelungene Unterneustadt.

21 Die Entdeckerrunde
18 auf einen Streich!

18 (von 23) auf einen Streich – Stadtteile Kassels sind gemeint – kann man mit dem Fahrrad auf dieser 48 Kilometer langen Entdeckerrunde einmal rund um die Stadt erkunden. Man gelangt in Gegenden, in die es einen sonst eher selten verschlägt. Man genießt Perspektiven, die man so noch nicht kannte. Man ist überrascht von dörflichen Fachwerkstrukturen, die man nicht erwartete. Kurzum: Es lohnt sich, in die Pedale zu treten. Und es muss nicht einmal der eigene Drahtesel sein, denn in Kassel gibt es ja »Konrad«, das Leihfahrrad, das fast an jeder Ecke auf Pedalritter wartet.

Ein guter Ausgangspunkt ist der Bahnhof Wilhelmshöhe. Denn dort hält die Tourist-Information das Faltblatt »Einmal rund um Kassel« mit (unbedingt notwendigem) Radwegeplan bereit. Folgt man wenige hundert Meter der Wilhelmshöher Allee bergauf, trifft man an der Kunoldstraße auf den dort kreuzenden Rundweg, der mit einem blauen Schild »Entdeckerrunde« recht gut markiert ist. Von dort gelangt man in einer Minute zum alten Schulhaus von Wahlershausen, Nummer eins von insgesamt 27 Sehenswürdigkeiten und Entdeckungen, die im Flyer und auf zahlreichen Tafeln entlang des Wegs erläutert sind.

Einige Highlights gefällig? Der Ziegenberg mit seiner herrlichen Aussicht über die Stadt wie von einem Südbalkon; die idyllische Fulda bei Wolfsanger; der historische Ortskern von Bettenhausen; die Buga-Seen, die im Sommer zu einem Bad verlocken; die Neue Mühle am Fulda-Stauwehr; der Dorothea-Viehmann-Park in Niederzwehren; die Mevlana-Moschee mit Minarett in Oberzwehren; die Klosterkirche in Nordshausen; das Naturschutzgebiet Dönche; oder Bad Wilhelmshöhe mit Blick auf Schloss und Bergpark. Das kann man an einem Tag (circa fünf Stunden reine Fahrzeit!) schaffen, muss es aber nicht; denn durch viele kleine, aber gemeine Anstiege ist diese Rundtour doch recht anstrengend. Und es gibt so viel zu entdecken!

Adresse Start: Wilhelmshöher Allee/Ecke Kunoldstraße, 34131 Kassel-Bad Wilhelmshöhe | **ÖPNV** Tram 1, Haltestelle Kunoldstraße | **Tipp** Das Leihfahrrad »Konrad« gibt es an 56 Stationen in der Stadt, so auch am Bahnhof Wilhelmshöhe; man kann es an jeder beliebigen Station wieder zurückgeben. Wie der Verleih funktioniert, siehe: www.konrad-kassel.de.

22 Der Erdkilometer

Wie man sieht, sieht man nichts ...

... so gut wie nichts jedenfalls: lediglich eine kreisrunde, messingfarbene Platte mitten auf dem Friedrichsplatz. Einen Kilometer in die Tiefe reichen soll hier ein fünf Zentimeter dicker Messingstab, zusammengesetzt aus 1.000 Ein-Meter-Stücken. Was das soll? Es ist Kunst. Documenta-6-Kunst. Von Walter De Maria (1935–2013). Aus dem Jahr 1977.

Wer war Walter De Maria? Ein US-amerikanischer Vertreter des Minimalismus, der Konzeptkunst und der »Land Art« – sämtlich maßgebende amerikanische Kunstrichtungen der 1960er Jahre. Und was wollte uns Walter De Maria mit diesem »Vertikalen Erdkilometer« sagen? Er wollte einen Bezug schaffen zum gegenüberliegenden Fridericianum, einem Ort der Aufklärung, der einstmals unter anderem historische Instrumente zur Vermessung der Welt barg. Und er wollte der Erde etwas zurückgeben, was man ihr sonst üblicherweise entreißt: Metall, Erz.

Dieses Kunstwerk war das umstrittenste der documenta 6! Warum? Die Rasenflächen des Friedrichsplatzes wurden durch einen hässlichen Bohrturm und schweres Gerät verschandelt! Außerdem verursachte die Bohrung Unruhe und Lärm. Vom Sinn und Nutzen eines solchen Unterfangens einmal ganz zu schweigen. Heute ist es still geworden um den Erdkilometer. Und immerhin blieb Kassel die Bodenplatte, ein unsichtbarer Kilometer Messing (von dem angeblich bei Bauarbeiten für eine Tiefgarage in den 1990er Jahren nichts gefunden wurde – sehr merkwürdig!) und ein Bohrkern, der die Geologie unter dem Friedrichsplatz offenbart und heute, gerafft auf wenige Meter, im Treppenhaus des Naturkundemuseums Ottoneum zu besichtigen ist. Unter dem Friedrichsplatz befindet sich übrigens bis in einen Kilometer Tiefe nichts als Sandstein.

Die zwei unterschiedlich großen Bäume vor dem Fridericianum sind die erste und die letzte Eiche von Beuys' documenta-Kunstwerk »7000 Eichen« (siehe Seite 10).

Adresse Friedrichsplatz, 34117 Kassel-Mitte | **ÖPNV** Tram 1, 3, 4, 5, 6, 8, RT 3, RT 4, Haltestelle Friedrichsplatz | **Tipp** Ganz in der Nähe, am Friedrichsplatz 8, befindet sich das unbedingt empfehlenswerte Café Nenninger, eine Kasseler Traditions-Konditorei (Mo–Fr 8–20, Sa 9–20, So 9.30–19 Uhr).

23 Erdmanns Grab
Letzte Ruhestätte Roseninsel

Einen schöneren Ort für seine letzte Ruhestätte kann man sich schwerlich vorstellen als die Roseninsel im Bergpark Wilhelmshöhe. Das Inselchen selbst ist winzig; vielleicht 50 Meter in der Länge und 15 Meter in der Breite. Der Blick schweift hinunter auf den großen Schlossteich, den »Lac«, und hinüber zum sogenannten Weißensteinflügel des Schlosses Wilhelmshöhe. Überall blühen und duften Rosen. Dazwischen einzelne Bänke mit romantischsten Ausblicken. Wasser gurgelt und plätschert. Hie und da ein dunkelgrüner Eibenstrauch und übermannshohes Rhododendrongebüsch.

Und wer liegt hier begraben? – Kein Landgraf, kein Kurfürst, kein König; nein: ein Dackel! Der des letzten deutschen Kaisers, Wilhelm II. »ANDENKEN AN MEINEN TREUEN DACHSHUND ERDMANN 1890–1901 W II«, steht in goldenen Lettern auf der schlichten Grabplatte. Kaisertreue oder Dackelliebhaber oder kaisertreue Dackelliebhaber – wer will das so genau wissen? – pflegen dieses Grab bis heute und schmücken es regelmäßig mit Blumen und frisch geschnittenem Eibengrün.

Wie kommt es, dass der Dackel von Wilhelm II. ausgerechnet hier begraben liegt? 1866 hatte sich das Königreich Preußen das Kurfürstentum Hessen-Kassel endgültig einverleibt. Von 1874 bis 1877 gingen die Enkel des deutschen Kaisers Wilhelm I. – Prinz Wilhelm und sein Bruder Heinrich – gar in Kassel zur Schule, um im Lyceum Fridericianum ihr Abitur zu machen. Ab 1891 wählte der mittlerweile zum Kaiser aufgestiegene Wilhelm II. das Schloss Wilhelmshöhe als ständige Sommerresidenz. Staatsgäste aus aller Welt kamen zu Besuch: Chulalongkorn I., der König von Siam, Nasreddin, der Schah von Persien, oder gar der König von England, Eduard VII. Zum letzten Mal weilte Wilhelm II. 17 Jahre nach dem Tod Erdmanns hier, in den letzten Tagen des Deutschen Kaiserreichs, kurz vor dem Ende des Ersten Weltkriegs und seiner nicht ganz freiwilligen Abdankung.

Adresse Bergpark Wilhelmshöhe (südlich des Schlosses und westlich des Lac), 34131 Kassel-Bad Wilhelmshöhe | **ÖPNV** Tram 1, Haltestelle Wilhelmshöhe (Park) | **Öffnungszeiten** immer zugänglich | **Tipp** Da, wo der Kaiser zu Fuß hingeht: das Toilettenfenster Wilhelms II. befindet sich im 1. Obergeschoss des Weißensteinflügels von Schloss Wilhelmshöhe ganz links neben der Säule (bevor der gebogene Zwischenflügel beginnt).

24 — Der Film-Shop
Der Welt älteste Videothek(e)

»Die Regale sind doch unwichtig. Wichtig ist, was drin steht.« Seine Kunden finden die selbst gezimmerte Ausstattung von Eckhard »Ecki« Baums Video-Film-Shop völlig in Ordnung, ja, sogar sehr charmant. Ihre Kundendaten schlummern sicher auf einer Karteikarte aus Pappe, und die Quittung gibt's noch von einem Quittungsblock mit Durchschlagpapier.

Angefangen hat Ecki (Jahrgang 1938) im Jahr 1975 in Wolfsanger in der Fuldatalstraße 126. Dort verlieh er zunächst Super-8-Filme und später VHS-Kassetten. Viele lachten ihn damals aus: »Wer wird denn schon Filme ausleihen?« Doch seine Video-Theke (hinten mit »e«) boomte. Was der Film-Verrückte Ecki lange nicht wusste: Er hatte in Kassel die erste Videothek der Welt eröffnet und sogar den Begriff geprägt – das Guinness-Buch der Rekorde hat dies bestätigt. 1980 zog Eckhard Baum mit seinem Film-Shop in die Erzberger Straße 12 um. Und da er von jedem Film mindestens ein Exemplar behielt, kann man bei ihm heute 13.000 DVDs und Blu-Rays, darunter viele Filmraritäten, aufstöbern. – Welcher unter den ungezählten Filmen, die er gesehen hat, sein liebster ist? Wie aus der Pistole geschossen kommt die Antwort und gleich darauf der zielsichere Griff ins Regal: »›Ein Herz und eine Krone‹ mit Audrey Hepburn und Gregory Peck.«

Sollen wir an dieser Stelle davon erzählen, dass Ecki in seinen Jugendjahren in Berlin sehr in Conny Froboess verliebt war? Dass er Fats Domino 1993 zu einem Konzert nach Baunatal holte? Dass er lange Zeit Deutschland-Manager des Schauspielers Zachi Noy war (dem Dickerchen aus »Eis am Stil«)? Dass er mit dem letzten großen Hollywood-Filmplakatemaler Will Williams, der bis zu seinem Tod 2015 in Kassel lebte, eng befreundet war? – Einen sehr anrührenden Einblick in »Eckis Welt« erlaubt der gleichnamige, publikumspreisgekrönte Dokumentarfilm von Olaf Saumer, den man in der Video-Theke ausleihen oder kaufen kann.

Adresse Erzbergerstraße 12, 34117 Kassel-Nord-Holland | **ÖPNV** Bus 12, 17, 18, 19, Haltestelle Erzbergerstraße | **Öffnungszeiten** Mo–Fr 15.30–22 Uhr, Sa 10–22 Uhr | **Tipp** Biologisches, Regionales und fair Produziertes für jeden zu erschwinglichen Preisen und für Mitglieder noch deutlich günstiger gibt's im kollektiven »Schmackes«-Mitgliederladen in der Erzbergerstraße 51.

25 Das Fridericianum
Viel mehr als ein Museumsgebäude der Aufklärung

In Kassel kennt es jeder. Es dominiert den Friedrichsplatz. Wie ein griechischer Tempel wirkt das Portal mit seinen sechs mächtigen Säulen. Doch die wenigsten betrachten naturgemäß die Rückseite an der Karl-Bernhardi-Straße: Dort stört ein halbkreisförmiger Anbau die perfekte, rechtwinklige, klassizistische Symmetrie. Passt irgendwie nicht dorthin, denkt man unwillkürlich. Richtig: Dieser Gebäudeteil wurde erst 1808 bis 1810 ergänzt. Er beherbergte den Ständesaal, einen Versammlungsraum für das erste (richtig gelesen!) deutsche Parlament. Wie das? Jérôme Bonaparte, der Bruder Napoleons, regierte 1807 bis 1813 von Kassel aus das »Königreich Westphalen«. Das Fridericianum erkor er zu seinem Palast der Stände.

Mehr Superlative wären zu nennen: Das Fridericianum ist das erste europäische Museum, das von Anfang an als Museumsgebäude konzipiert worden war. 1769 war Baubeginn, 1779 wurde es fertiggestellt. Es ist damit auch eines der ältesten Museen in Europa. Landgraf Friedrich II. brachte im Fridericianum seine umfangreiche Antiken-, Kunst- und Kuriositätensammlung unter, im angegliederten Zwehrenturm eine Sternwarte und seine nicht minder beeindruckende Bibliothek. Deren 350.000 Bände verbrannten 1941 fast komplett bei einem Bombenangriff – welch unschätzbarer Verlust! Berühmte Mitarbeiter waren Jacob und Wilhelm Grimm. Die Brüder Grimm arbeiteten hier unter anderem an der »Deutschen Grammatik«. Interessant ist das historische Besucherbuch, das neben Einträgen von Bürgern aller Stände auch die von Herder, Humboldt, Lichtenberg oder Goethe enthält.

Ein weiterer Superlativ: Das Fridericianum ist zusammen mit dem Wörlitzer Schloss das älteste rein klassizistische Gebäude Deutschlands. Im Jahr 1955 fand hier die erste documenta statt. Heute ist das Fridericianum immer noch alle fünf Jahre deren Mittelpunkt und dazwischen Ausstellungsort für zeitgenössische Kunst.

Adresse Friedrichsplatz 18, 34117 Kassel-Mitte | **ÖPNV** Tram 1, 3, 4, 5, 6, 8, RT 3, RT 4, Haltestelle Friedrichsplatz | **Öffnungszeiten** Di–So 11–18 (Mi Eintritt frei) | **Tipp** »Die Fremden« – ein documenta-9-Kunstwerk von Thomas Schütte aus dem Jahr 1992 – könnten Asylbewerber sein; sie stehen etwas ratlos zusammen mit ihren Habseligkeiten auf dem Portikus des ehemaligen »Roten Palais« (Kaufhaus SinnLeffers).

26 Der Friedhof in Mulang

Ein Engel winkt zum Abschied ...

Friedhöfe sind sicher nicht jedermanns Sache. Doch dieser hier ist reizend. Von einem nicht mal schulterhohen Mäuerchen umgeben, ruht er versteckt gewissermaßen in sich selbst. Viele der Gräber und Grabmale sind von Moos erobert oder von Efeu überwuchert. Direkt am südöstlichen Eingang des Bergparks, unterhalb des chinesischen Dörfchens Mulang, träumt er bis heute still vor sich hin, kaum beachtet von Besuchern wie Einheimischen. 1822 wurde er für Hofbedienstete und die Bewohner von Wilhelmshöhe angelegt. Es lohnt, sich hier auf eine Bank zu setzen, innezuhalten, die Inschriften zu studieren. Rührend wirken die Berufs- und Titelbezeichnungen auf einigen der alten Grabsteine, die entlang der Friedhofsmauer gleich links neben dem Eingang aufgereiht sind. Da ist die Rede vom »Königlichen Obergärtner«, »Königlichen Geheimen Hofbaurath«, »Königlichen Brunnenmeister«, »Schlossoberinspektor«, »Gartenoberaufseher« oder gar »Caskaden-Aufseher«.

Die berühmteste Grabstätte – und auch diejenige mit dem größten Grabmal – befindet sich zentral, direkt gegenüber dem Eingang: »Karl Steinhofer«, steht darauf geschrieben, »geb. 5. April 1747 zu Zweibrücken, gest. 19. Februar 1829 zu Kassel«. – Wer war Karl Steinhofer? Der Pfälzer fing als Brunnenknecht an und arbeitete sich bis zum Brunneninspektor empor. Ihm hat der Bergpark den 50 Meter breiten und 20 Meter hohen »Steinhöfer Wasserfall« mit seinen gras- und moosbewachsenen Basaltsäulen zu verdanken. Der Volksmund hat wohl das »o« im Namen des Wasserfalls zum »ö« verballhörnt.

Ganz in der Ecke des Friedhofs findet man unter dichten Efeuranken das Grab des königlichen Hofgärtners Ernst Virchow, der von 1898 bis 1918 als Gartendirektor für den Bergpark verantwortlich war. Virchow ist eine Bestandserfassung aus dem Jahr 1903 zu verdanken, an der sich bis heute die Erhaltung und Pflege der gesamten Anlage orientiert.

Adresse Ecke Schlossteichstraße/Mulangstraße, 34131 Kassel-Bad Wilhelmshöhe | **ÖPNV** Tram 3, Haltestelle Brabanter Straße | **Öffnungszeiten** immer geöffnet | **Tipp** Die wunderbaren, selbst gebackenen Kuchen und Torten von Bärbel Benderoth im Burgfeldcafé in der Burgfeldstraße (gegenüber Hotel Burgfeld und Tennisanlage) muss man einfach probiert haben! Im Sommer sitzt man wunderschön im Garten.

27 _ Der Fuldadampfer
Entschleunigend, blutdrucksenkend, beruhigend

»Fulle« sagen die Kasseler Bürger liebevoll zur Fulda, die mitten durch die Stadt fließt. Wie dieses Gewässer kennenlernen, wenn man nicht Mitglied in einem der wirklich zahlreichen Ruder- oder Yachtclubs ist? Auf einem Ausflugsschiff. Das ist beschaulich und wirkt ein bisschen wie aus der Zeit gefallen. An der Schlagd geht es los, am alten Warenumschlagplatz, also so ziemlich im ältesten Teil der Stadt, von dem dort nur noch Rondell, Renthof und Brüderkirche erhalten sind.

Flussaufwärts verbindet die moderne Karl-Branner-Fußgängerbrücke die stylische Unterneustadt mit der Kasseler Innenstadt. Das Schiff aber schippert flussabwärts. Sogleich unterquert es die viel befahrene und viel zu niedrig wirkende Fuldabrücke, bevor in einer Schleuse circa drei Meter Höhenunterschied überwunden werden wollen. Dahinter wird es rasch ländlich, und das Flüsschen mäandert träge durch Felder. Steuerbord der alte Hafen, auf dem seit 1970 nur private Motorboote vor Anker liegen. Backbord das Klärwerk mit seinen silber glänzenden Faultürmen. Von da an glänzt nur noch das Gefieder der Graureiher silbern.

Bald scheint es mitten in den Wald hinein zu gehen. Mit ein wenig Glück kann man einen Eisvogel erspähen, der wie ein blau schimmernder Edelstein glitzert. Backbord lauern das Restaurant »Graue Katze« und das Hotel »Roter Kater«, beliebte Ziele für die zahlreichen Radler entlang der Fulda. Gegenüber Spiekershausen, schon in Niedersachsen gelegen; die Fulda ist von hier bis zum Gut Kragenhof Grenzfluss. Das Gut ist Veranstaltungsort und Bio-Bäckerei und liegt auf einer halbinselartigen Landzunge, die von einer großen Flussschleife gebildet wird. Hier kehrt das kleine Ausflugsschiff um. Nach insgesamt zweieinhalb Stunden erreicht es wieder die Anlegestelle an der Schlagd. Der Blutdruck ist gesunken, der Puls gleichmäßiger, die beschauliche Flussschifffahrt hat die Seele beruhigt.

Adresse Schiffsanleger Die Schlagd/Rondell, 34125 Kassel-Mitte | **ÖPNV** Tram 3, 4, 6, 7, 8, RT 3, RT 4, Bus 14, 15, 16, 17, 18, 19, Haltestelle Altmarkt/Regierungspräsidium | **Öffnungszeiten** in den Sommermonaten (in den Sommerferien täglich, außer am Volksfest Zissel Ende Juli/Anfang August); Fahrplan: www.personenschifffahrt.com (Achtung! Zwei »f«! Ansonsten landet man bei einer Heidelberger Linie) | **Tipp** In einem der Speicherhäuser am alten Hafen ist das winzige »Museum Fuldaschifffahrt« untergebracht. Reizend: Miniatur-Dioramen, die besondere Ereignisse aus der Stadtgeschichte darstellen. Leider nur sporadisch geöffnet: Am Hafen 15, www.fuldaschifffahrt.de.

28 Die GaleRuE
Raum für urbane Experimente

Vor wenigen Jahren noch wagte man kaum, diese gefliesten, neonlicht-illuminierten, unterirdischen Korridore zu betreten. Die Rede ist von der Unterführung am Holländischen Platz direkt an der Universität. Und noch heute benutzen die meisten Passanten die Fußgängerüberwege – und verpassen so eine Art »Offenes Museum für urbane Kunst«. Marcel aus Sao Paulo und einige Mitstreiter haben dieses Projekt 2013 ins Leben gerufen. Ihre GaleRuE, ein ehemaliger Kiosk, ist jeden Donnerstag ab 18 Uhr geöffnet. Die Street Art an den Wänden kann man immer bewundern.

Worum es geht? Um Subkultur im wahren Sinne des Wortes, um eine Kunst, die sonst eher illegal blüht, aber selten im Verborgenen: um Graffiti. Hier, unter dem Holländischen Platz, sind sie legal entstanden. Sowohl das Kulturamt der Stadt Kassel als auch das Straßen- und Tiefbauamt gaben ihr Plazet. Mehrmals im Jahr finden jetzt Events und Performances statt: Live-Painting zu klassischer Musik, Hip-Hop-Konzerte oder Poetry-Slams, während die Straßenbahnen dröhnend über diesen außergewöhnlichen Ausstellungs- und Veranstaltungsort rumpeln.

Die Szenen wechseln ständig. Graffiti werden übermalt. Vergänglichkeit gehört »zum Geschäft«. Manche existieren nur für Stunden, andere über Jahre. Auch in der Sprayer-Szene gibt es Regeln: Ein gutes Graffito sollte tunlichst nicht durch ein schlechteres übermalt werden. Man respektiert sich. Manchmal mangelt es allerdings an der richtigen Selbsteinschätzung.

Als »Qualität« gilt in der illegalen Szene auch das Risiko, an bestimmten Orten erwischt zu werden. Viele Sprayer betrachten ihre Kunst als ein Geschenk an die Gesellschaft; die Gesellschaft sieht das allerdings nicht immer so … Dass Graffiti Kunst sind, zeigt die GaleRuE. – PS: Die Unterführung direkt bei der Tram-Haltestelle »Am Weinberg« ist ebenfalls Teil des Projekts und mit tollen Graffiti besprayt.

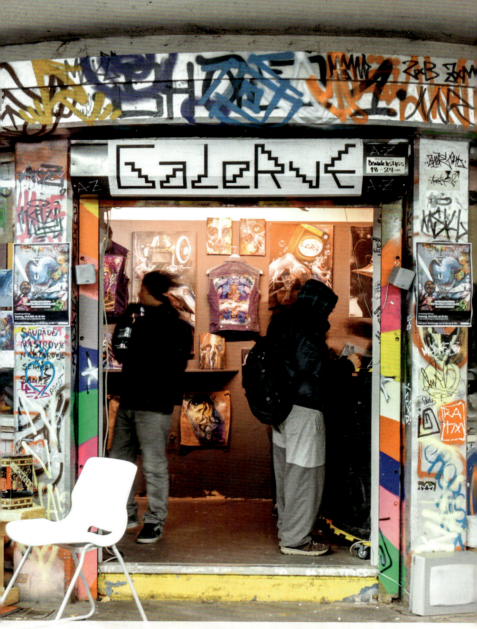

Adresse unter dem Holländischen Platz, 34127 Kassel-Nord-Holland | **ÖPNV** Tram 1, 5, RT 3, RT 4, Bus 10, 12, Haltestelle Holländischer Platz/Uni | **Öffnungszeiten** immer zugänglich, GaleRuE ab 18 Uhr (open end) | **Tipp** Die im Jahr 2000 eingeweihte Neue Synagoge der jüdischen Gemeinde Kassel in der Bremer Straße 3 (Ecke Mosenthalstraße) von Alfred Jacoby ist ein architektonisches Highlight.

29 Die Gärtnerplatzbrücke
Schlank und rank

Was selbst dem Laien auffällt: Diese Brücke ist, obwohl aus Beton, schlank und rank. Die Unterkonstruktion filigran, die Bodenplatten papierdünn – na ja: fast. In Europa ist es das erste größere Bauwerk, das aus diesem neuartigen Baustoff errichtet wurde: Ultrahochfester Beton. Und wer hat's erfunden? Wissenschaftler der Universität Kassel! – Die alte Brücke, 1981 zur Bundesgartenschau ökologisch korrekt aus Holz konstruiert, war nach 25 Jahren schon morsch. Etwas Neues sollte her, etwas Haltbareres, etwas Innovatives. Zehnmal länger als normaler Beton soll dieser Ultrahochfeste Beton nun halten. Nach 100 Jahren erst müsse ein solches Bauwerk zum ersten Mal saniert werden. Wir dürfen gespannt sein.

Die Brücke über die Fulda ist fast 140 Meter lang, die weltweit erstmals aufgeklebten (!) Platten nur acht bis zwölf Zentimeter dick; die Längsträger haben einen geradezu lächerlichen Querschnitt von 30 mal 40 Zentimetern – ein Hauch von Nichts bei einem Bauwerk dieser Dimension. Trotzdem kann die Konstruktion mindestens sechs Tonnen tragen. Eine technische Meisterleistung! UHPC heißt der Zauberbeton: Ultra-High-Performance-Concrete. Worin liegt sein Geheimnis? Er ist durch Hinzufügen von feinsten Sanden, Stäuben und Mehlen ultradicht gepackt und hat daher kaum Hohlräume. Weil weder Wasser noch Salz eindringen können, verwittert er langsamer; und weil sich die feinen Bestandteile so fest miteinander verbinden, ist er hoch tragfähig und kann zu besonders leichten und eleganten Architekturen verarbeitet werden. Das spart ganz nebenbei eine Menge Material und Energie.

Ach! Hätte Landgraf Karl doch vor gut 300 Jahren diesen Werkstoff schon gekannt! Es gäbe heute wohl nicht die immens teuren statischen und verwitterungsbedingten Probleme mit dem aus Tuffstein gebauten Oktogon. Und der Herkules würde noch weitere drei Jahrhunderte sicher auf seinem Fundament stehen und ganz gelassen auf die Gärtnerplatzbrücke herabschauen.

Adresse Auedamm / Gärtnerplatzbrücke, 34121 Kassel-Süd | **ÖPNV** Bus 16, Haltestelle Gärtnerplatzbrücke | **Öffnungszeiten** immer zugänglich | **Tipp** Kinder und Eltern aufgepasst! Überquert ihr die Gärtnerplatzbrücke und wendet euch danach nach links, erreicht ihr nach wenigen hundert Metern einen großzügigen Wasserspielplatz auf dem ehemaligen Bundesgartenschaugelände.

30 — Der Glasapparate-Laden
Reagenzgläser, Tiegel und Destillen

Ein solches Geschäft gibt es in Kassel nur ein Mal. In ganz Hessen existiert sehr wahrscheinlich kein zweites. Und in Deutschland gibt es insgesamt sicher nicht viel mehr als drei. In den Regalen blitzen Gerätschaften, deren Namen in der Regel nur Naturwissenschaftler oder Labormediziner kennen und deren Verwendungszweck für den Laien undurchsichtig bleibt: Erlenmeyerkolben und Gasbüretten, Scheidetrichter und Standzylinder, Pipetten oder selbst gefertigte, hochkomplexe Destillationsapparaturen – um nur einige der Glaswaren zu nennen. Aber auch Privatkunden kommen hier auf ihre Kosten oder zumindest auf originelle Ideen: Reagenzgläser kann man prima als Blumenväschen für einzelne Blüten missbrauchen, braune Glasflaschen mit Schraubdeckeln oder gar geschliffenen Glasstopfen bewahren perfekt das Aroma von Tee oder Gewürzen. Oder wie wäre es mit einem Schnäpschen aus einem Miniaturbecherglas mit Milliliter-Skala?

All diese Glaswaren kann man bei Jürgen Rauch (Jahrgang 1931) kaufen, seines Zeichens Glasapparatebauer-Meister. Seit 1888 existiert diese Firma unter dem Namen seines Urgroßvaters: »Hermann Rauch – Laboratoriums- und Krankenhausbedarf«. In den besten Zeiten waren hier bis zu 15 Glasbläser beschäftigt. Mit Jürgen Rauch wird dieses einzigartige Geschäft wohl schließen, sollte sich nicht doch noch ein Nachfolger finden. Seine Kunden klagen schon: »Woher sollen wir denn dann unsere Glaswaren beziehen, geschweige denn sie speziell anfertigen oder gar reparieren lassen?«

Die eigentliche Passion von Jürgen Rauch liegt allerdings auf einem ganz anderen Gebiet: Er besitzt ein Patent auf eine selbst entwickelte Brennstoffzelle mit Glasmembranen. Die erlaubt im Gegensatz zu herkömmlichen Brennstoffzellen den Betrieb bei viel höheren Temperaturen – verbunden mit einer regenerativen Wasserstofferzeugung die Lösung vieler unserer Energie- und Umweltprobleme.

Adresse Weserstraße 14, 34125 Kassel-Wesertor | **ÖPNV** Tram 3, 6, 7, Haltestelle Katzensprung/Uni; Bus 10, Haltestelle Mönchebergstraße | **Öffnungszeiten** Mo, Di, Do, Fr 9–13 Uhr | **Tipp** Kaninchen, Schafe, Schweine, Hühner, Honigbienen – ein Bauernhof fast mitten in der Stadt: der Kinder- und Jugendbauernhof Kassel, Am Werr (direkt bei den Bleichwiesen an der Fulda, www.kinderbauernhof-kassel.de).

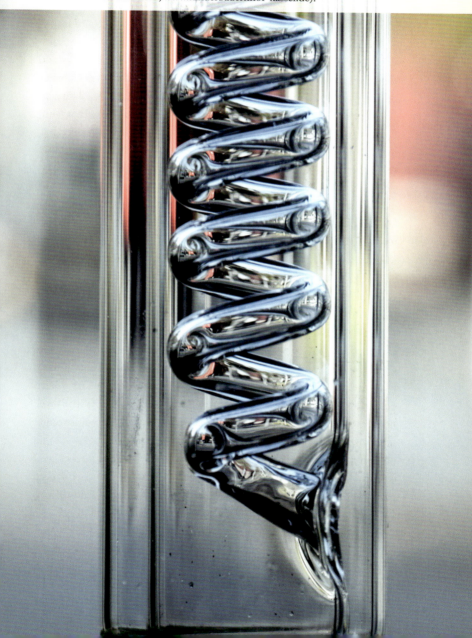

31 Das Große Gewächshaus
Mein Schloss, mein Park, mein Kamelienbaum

Ein solches Gebäude gab es bis dahin auf dem gesamten europäischen Festland nicht: ein Gewächshaus, eine Orangerie fast ausschließlich aus Stahl und Glas erbaut. Lediglich in England konnte man bereits etwas vergleichbar Filigranes bestaunen. 1822 plante es der Hofarchitekt Johann Conrad Bromeis für Kurfürst Wilhelm II. von Hessen-Kassel. Und wozu diente das Ganze? Lapidar gesagt: um zu prahlen, um Gäste zu beeindrucken – mit dem Bauwerk selbst, mit kostbarsten und seltensten Pflanzen aus aller Herren Länder, mit dem Blick hinaus auf das Schloss, das Ballhaus, die Löwenburg, den Bergpark. Hochrangige Besucher wurden aus ihrem Quartier zunächst oft in den mittleren Trakt (damals noch eine Rotunde) des Großen Gewächshauses geleitet, um dort wie in einer Art Salon mit einer Tasse Tee empfangen zu werden – und die Pracht- und Machtentfaltung des Kurfürsten zu bestaunen.

Der runde, mittlere Teil wurde 1884 bis 1887 durch einen rechteckigen Mittelbau ersetzt. In diesem sogenannten »Palmenhaus« wuchern rund um eine Voliere tropische Pflanzen wie Orchideen, Bromelien oder Bananen. Rechts und links davon finden sich die beiden kleineren »Kalthäuser«: im Westen das »Haus für die Neuholländer« (benannt nach der damaligen Bezeichnung für den malaiischen Archipel, Australien und Neuseeland) und im Osten das »Kamelien-Haus«. Sie beherbergen neben meterhohen Kamelien (die älteste stammt aus dem Jahr 1820!) beispielsweise auch einen Kampferbaum, aus dessen Rinde Zimt gewonnen werden kann, oder einen australischen Zylinderputzer. – Oben war von Tee die Rede: Eine Teepflanze gab es vermutlich damals schon in diesem Gewächshaus, denn bei Tee handelt es sich um eine spezielle Kamelienart, Camellia sinensis.

Das Große Gewächshaus ist nur im Winter geöffnet. Wen also mitten in der dunklen Jahreszeit die Sehnsucht nach bunten Blüten und duftenden Blumen plagt, dem kann hier geholfen werden.

Adresse Schlosspark Wilhelmshöhe, 34131 Kassel-Bad Wilhelmshöhe | ÖPNV Tram 1, Haltestelle Wilhelmshöhe (Park), Fußweg circa 10–15 Minuten (rechts am Schloss vorbei) | Öffnungszeiten 1. Advent bis 1. Mai, Di–So 10–17 Uhr; in den Sommermonaten geschlossen | Tipp In Sichtweite des Großen Gewächshauses befindet sich die Alte Torwache. Im oder vor dem »Alte Wache Ristorante Caffè« lässt es sich gut sein … (voraussichtlich ab Mai 2016).

32 Der Halitplatz
Mahnung zu Toleranz

Seit dem 1. Oktober 2012 gibt es in Kassel den Halitplatz und eine Straßenbahnhaltestelle gleichen Namens. »Halit Yozgat, 1985–2006, Kasseler Opfer einer rechtsterroristischen Mordserie«, steht kleingedruckt als Erläuterung auf dem blauen Straßenschild. In der Nähe ein schlichter Gedenkstein mit einer einfachen Bronzetafel: »Neonazistische Verbrecher haben zwischen 2000 und 2007 zehn Menschen in sieben deutschen Städten ermordet. Neun Mitbürger, die mit ihren Familien in Deutschland eine neue Heimat fanden, und eine Polizistin. Wir sind bestürzt und beschämt, dass diese terroristischen Gewalttaten über Jahre nicht als das erkannt wurden, was sie waren: Morde aus Menschenverachtung. Wir sagen: Nie wieder!« So der Wortlaut der gemeinsamen Erklärung der Städte Nürnberg, Hamburg, München, Rostock, Dortmund, Kassel und Heilbronn vom April 2012. Dann werden die Namen, die Tatorte und die Todesdaten der zehn Opfer genannt.

Blumen liegen auf dem Pflaster vor der Gedenktafel. Wenige Meter entfernt befand sich das Internet-Café, das Halit Yozgat kurz zuvor eröffnet hatte und in dem er am 6. April 2006 als jüngstes Opfer der Anschlagserie erschossen worden war. Gerade hier, in unmittelbarer Nähe der Universität, herrscht sonst friedliches Multi-Kulti-Miteinander.

In seiner Rede zur Einweihung des Halitplatzes wies der Kasseler Oberbürgermeister Bertram Hilgen auf das gegenüberliegende Philipp-Scheidemann-Haus hin, das an den sozialdemokratischen Kasseler Politiker erinnert, der 1918 die Deutsche Republik ausgerufen hat, 1919 zum Reichsministerpräsidenten gewählt wurde und der 1922 in Kassel knapp einem rechtsradikalen Mordanschlag entkam und später vor den Nazis fliehen musste. Hilgen betonte: »Kassel steht für ein Deutschland, in dem alle in Freiheit und gegenseitigem Respekt ohne Angst leben und sich sicher fühlen können.« Dem ist nichts hinzuzufügen.

Adresse Halitplatz (vor dem Eingang zum Hauptfriedhof), Holländische Straße/Mombachstraße, 34127 Kassel-Nord-Holland | **ÖPNV** Tram 1, 5, RT 3, RT 4, Haltestelle Halitplatz/Philipp-Scheidemann-Haus | **Tipp** Vöner, sprich: Vegane Döner, und allerlei anderes veganes Allerlei gibt es im Imbiss »Zum glücklichen Bergschweinchen« in der Holländischen Straße 82 (montags ruht das Bergschweinchen).

33 Die Hall of Fame
Bunter Skater-Park unter grauem Autobahnbeton

Es ist wohl das Beste, was grauem Beton passieren kann: eine Graffiti-Galerie mit Skater-Park, die »Hall of Fame«. – Bild gewordene Farb-Explosionen schleudern dem Betrachter Blasen, Blitze oder wahnwitzige Gestalten von mächtigen Brückenpfeilern entgegen. Dahinter, der Kontrast könnte größer kaum sein, fließt die Fulda träge in Richtung Aue; Prachtlibellen flattern über Schilf, Eintagsfliegen sorgen für Nachwuchs, Boote der zahlreichen Kasseler Ruderclubs ziehen annähernd lautlos ihre Bahn. Fast romantisch könnte man den Platz am seichten Fulda-Ufer nennen.

Ein muskelbepackter grüner Hulk interessiert sich dafür kein bisschen. Aus einem gespaltenen Kopf am gegenüberliegenden Ufer quillt Gehirn wie rosafarbene Darmschlingen. »Was, wenn die rote Pille die blaue war?«, fragt uns ein unbekannter Graffiti-Künstler unter einem comicartig aufgeteilten Graffito. Morgen schon können diese Szenen wieder übermalt sein; Graffiti ist eine vergängliche Kunst. Derweil donnern Motorräder in sicher nicht ganz vorschriftsmäßiger Geschwindigkeit über die Brücke hinweg, gefolgt von dem Tatütata eines Krankenwagens. Die Brückenauflage gibt ihr unrhythmisches Klackern dazu.

Unter diese Fulda-Brücke der A 49, direkt an der Giesenallee und am Fulda-Radweg, duckt sich seit Anfang der 1990er Jahre die »Hall of Fame«. Skater der ersten Stunde schufen sich hier ihren Spielraum, nachdem sie von anderen Orten vertrieben worden waren oder diese sich als ungeeignet erwiesen hatten. Unter der Autobahnbrücke störten sie niemanden durch Lärm, hier waren sie unter sich, und außerdem war es immer trocken; und die Sprayer unter ihnen machten die Welt um ihre »Street-Area« ein wenig bunter. In der Sommersaison treffen sich Skateboarder hier jeden Donnerstag von 16 bis 19 Uhr. Und um den 1. Mai jeden Jahres feiern die Sprayer, Skater und Rapper hier ihre legendäre »Mai-Jam«. – Wer weiß, wie lange noch …

Adresse Giesenallee (Unterführung A 49), 34121 Kassel-Süd | **ÖPNV** Bus 16, 25, Haltestelle Damaschkebrücke (10–15 Minuten Fußweg entlang des Fulda-Radwegs R1) | **Tipp** Wer hätte das gedacht!? Die etwa 200 Meter fuldaaufwärts beginnenden, rechteckigen Behälter auf den Giesewiesen dienen der Kasseler Trinkwassergewinnung. Mehr Infos in der Neuen Mühle.

34 Hans Wurst
Die Berliner Kultwurst erobert Kassel

»Bin ich hier denn der Hans Wurst?«, soll Hans-Peter Nebling zuverlässigen Quellen zufolge gestöhnt haben, als ihm seine Frau unter vier Augen genau diesen Namen für die gemeinsame Imbissbude in der Wolfhager Straße in Kassel vorschlug. Das war im Jahr 2002. Seitdem wird in Kassel »echte« Currywurst nach Berliner Vorbild verkauft anstatt Bratwurst mit Ketchup und Currypulver obendrauf. Bereits 1989 gehörte der gelernte Metzgermeister zu den Top 50 von über 2.000 Currywurstbudenbetreibern in Berlin. Er weiß also, was er tut, wenn er seine Wurst frittiert anstatt brät; das gehe schneller und funktioniere nur mit allerbester Qualität, also besonders fett- und wasserarmer Ware.

Dass Hans-Peter Nebling alles andere ist als ein Hans Wurst, zeigt uns seine Biografie: 1969 flieht er als 20-jähriger Grenzsoldat über die innerdeutsche Grenze in den Westen, nachdem er erfahren hatte, dass Kameraden Flüchtende erschießen mussten. Seine Habseligkeiten passen in eine Kaufhof-Tüte, und in seiner Geldbörse verlieren sich 20 Mark. Damit beginnt er in München eine neue Existenz. Zunächst verdingt er sich bei Agfa als Hilfsarbeiter. Später arbeitet er als Fleischermeister im Einzelhandel und als Lebensmitteltechniker in einer Konservenfabrik in Berlin. Kurz vor der Wende macht er sich mit seiner ersten Imbissbude in Berlin-Reinickendorf selbstständig. Ein echter Selfmademan und ein mutiger dazu! Kassel sei wie Berlin, nur in Miniatur. Die Menschen hier wären allerdings hilfsbereiter und freundlicher. Das liege möglicherweise daran, dass Kassel nicht so anonym sei wie die Millionenmetropole.

»Currywurst mit Pommes?« »Jou!« »Mit Zwiebeln?« »Ja.« »Scharf?« – Jetzt kommt eine Chili-Dose zum Einsatz, bis der Kunde »Stopp!« ruft. »Bis die Flammen aus dem Kragen schlagen!«, flachst Hans-Peter Nebling. Es geht lustig zu bei »Hans Wurst«, und auch deshalb kommen so viele immer wieder.

Adresse Wolfhager Straße 179 (Ecke Engelhardstraße), 34127 Kassel-Rothenditmold | **ÖPNV** Bus 18, 19, 27, Haltestelle Engelhardstraße | **Öffnungszeiten** Mo–Fr 10–22, Sa 12–22 Uhr | **Tipp** Im Fairkaufhaus in der Philippistraße 23 werden sehr preiswert Secondhandwaren, Möbel und Geschenke fairkauft; einen Kaffee trinken kann man dort auch.

35 Das Henschel-Museum
200 Jahre Industriegeschichte

Wie sich Henschel nähern? Diesem Unternehmen, das zwei Jahrhunderte lang Kassel geprägt hat. In dem sich die Mitarbeiter wie in einer großen Familie fühlten und stolz darauf waren, »bi Henschels« zu arbeiten. Das von 1848 bis 1957 über 30.000 Lokomotiven produzierte. Das als Rüstungsunternehmen allerdings auch Zwangsarbeiter beschäftigte und zumindest mitverantwortlich dafür war, dass die Stadt vielfach bombardiert wurde und am 22. Oktober 1943 fast vollständig in einem riesigen Feuersturm zugrunde ging.

Eine Annäherung kann auf dem alten Firmengelände in Rothenditmold gelingen, im kleinen, von ehemaligen »Henschelanern« liebevoll gehegten und gepflegten Henschel-Museum. Blicken wir weit zurück: 1810 gilt als das Gründungsjahr von Henschel. Georg Christian Carl Henschel (1759–1835) baute bereits 1783 eine erste Feuerspritze und erhielt 1785 das alleinige Privileg, Glocken, Kanonen und dergleichen im Landgräflichen Gießhaus zu fertigen. Es folgten sechs weitere Unternehmerpersönlichkeiten, welche die Industriegeschichte Deutschlands maßgeblich prägen, darunter eine starke Frau: Carl Anton (1780–1861), der 1836 das neue Werk und Gießhaus in der Mönchebergstraße (heute Unigelände) gründete; Alexander Carl (1810–1860), der zusammen mit seinem Vater 1848 die erste Henschel-Lokomotive »Drache« produzierte. Oskar (1837–1894), der das Werk Rothenditmold in der Wolfhager Straße aufbaute, und seine sozial sehr engagierte Frau Sophie (1841–1915), von 1894 bis 1912 die erste Frau an der Spitze eines Schwerindustrie-Unternehmens. Karl (1873–1924), der das Werk Mittelfeld gründete. Und schließlich Oscar (1899–1982), der bis 1957 neben Lokomotiven auch Nutzfahrzeuge, Flugzeuge und Panzer baute.

Auch Künstler wie Werner Henschel (1782–1850) kennt die Familiendynastie. Dieser ist übrigens in Rom beigesetzt, auf dem Cimitero Acattolico nahe der Cestius-Pyramide.

Adresse Wolfhager Straße 109, 34127 Kassel-Rothenditmold, www.henschel-museum.net | **ÖPNV** Bus 18, 19, Haltestelle Siemensstraße | **Öffnungszeiten** jeden 1. Sa, So im Monat 14–17 Uhr oder auf Anfrage: Helmut Weich, Tel. 0561/8017250 oder 0172/5205775 | **Tipp** Lego-Freaks und Sammler aufgepasst! Michael Schmidt hat sie alle, neu oder gebraucht. Vom seltenen Einzelsteinchen bis zur kompletten Lego-Welt. »Schmidt's bunte Steinewelt«, **Wolfhager Straße 83**.

36 Die Herz-Jesu-Kirche
Eine Kirche wie eine Pyramide – oder wie ein Zelt?

Wenn man dieses Gebäude zum ersten Mal aus der Ferne sieht, wundert man sich: Gibt es denn in Kassel eine Pyramide? Und wenn man dann der Richtung folgt, aus der man diese für mitteleuropäische Architekturverhältnisse durchaus merkwürdige geometrische Form erblickt, landet man – nach vielleicht einigen kleineren Umwegen – in Niederzwehren in der Brüder-Grimm-Straße. Und tatsächlich, dort erhebt sich eine Art graue Pyramide. Doch halt, nicht ganz: Die Ecken sind senkrecht abgeschnitten und durch riesige Fensterflächen ersetzt, von außen zunächst fast ebenso grau erscheinend wie das Dach. Man kann schon erahnen, dass sich dahinter bunte Fensterbilder verbergen. Wenn man Glück hat, ist die Kirche gerade offen. Ansonsten frage man im benachbarten Pfarrbüro unbedingt nach dem Schlüssel; dann wird einem sicher gern aufgetan.

Im Inneren erwartet den Besucher eine kleine Offenbarung: Aus allen vier Himmelsrichtungen erleuchten riesige, bunte Glasflächen den Raum. Und viele der Fenster erzählen biblische Geschichten. Aus dem Alten Testament zum Beispiel die Schöpfungsgeschichte, der Baum der Erkenntnis, die Arche Noah oder aus dem Neuen Testament die Verkündigung, die Geburt Jesu oder die Heiligen Drei Könige.

Am späten Nachmittag, wenn die Sonne tief steht, glühen die Fenster im Westen, als stünde die Kirche in Flammen. Dazu der perfekte Raumeindruck der Pyramide. Doch Pfarrer Thomas Günst klärt auf: Es handelt sich bei dieser Form nicht um eine Pyramide, sondern um ein Zelt. Das Volk Israel sei bei seinem Auszug aus Ägypten 40 Jahre lang mit Zelten durch die Wüste gezogen und habe in einem Zelt die Bundeslade mit sich geführt und Gottesdienste gefeiert. Einem solchen Provisorium, einem solchen Zelt Gottes, sei die Herz-Jesu-Kirche nachempfunden und keineswegs einer Pyramide. Geplant hat dieses »Provisorium«, dieses »Zelt«, ein Architekt aus Fulda, Erich Weber.

Adresse Brüder-Grimm-Straße 121–123, 34134 Kassel-Niederzwehren | **ÖPNV** Bus 24, Haltestelle Anne-Frank-Straße | **Öffnungszeiten** Gottesdienst So 11 Uhr, sonst eventuell im Pfarrbüro (Di, Fr 8.30–12 Uhr, Do 14.30–17.30 Uhr) nach dem Schlüssel fragen | **Tipp** Folgen Sie der Brüder-Grimm-Straße bergab bis ins »Märchenviertel«, dem Zentrum von Niederzwehren rund um die Kirche. Dort findet man noch die beiden Fachwerkhäuser, in denen die Märchenerzählerin der Brüder Grimm, Dorothea Viehmann, gelebt hat.

37 Der Hessencourrier
Mit der Dampflok zur Hummelwerkstatt

Der Kessel dampft schon seit einigen Stunden. Gleich soll es losgehen. Ein Schaffner schreitet, eine laute Schelle hin und her schwingend, den gesamten Bahnsteig entlang. »Alle einsteigen, Türen schließen, Vorsicht bei der Abfahrt!« Zwei letzte Pfiffe, ein kurzer und ein langer, dann setzt sich die Dampflok seufzend in Bewegung. Die Wagen ruckeln, die Fahrgäste lächeln – wann erlebt man das einmal in einem ICE? Das Coupé besteht aus Holz, die Wände sind mit gelb lackierten Kassetten verziert, die Bänke wider Erwarten bequem. Die Gepäcknetze werden von weinroten, gusseisernen Gestängen gehalten. Ein Emailleschild mahnt: »Zur Förderung der öffentlichen Gesundheitspflege wird dringend ersucht, nicht in den Wagen zu spucken.« Die Fenster lassen sich noch öffnen und mit einem Lederriemen arretieren. Kohlendampf schwängert die Luft.

Die Fahrt führt von Kassel-Wilhelmshöhe Süd nach Naumburg und wird eineinhalb Stunden dauern. 33 Kilometer lang ist die über 100 Jahre alte Trasse. Erste Station: Baunatal. Dann hinauf nach Hoof, Steigung: 1 zu 35; das Dampfross hechelt wie ein Hund. Kaum zu glauben, dass genau hier vor 30 Millionen Jahren in einem seichten, tropischen Meer Seekühe Seegraswiesen abgeweidet haben sollen!

In Naumburg streben die meisten Fahrgäste in Cafés, Eisdielen oder die hübschen Fachwerkgassen. Wer etwas ganz Besonderes erleben will, der geht zur »Hummelwerkstatt«. Über 40 heimische Hummelarten gibt es, lernt man dort, sieben davon sind relativ häufig: Dunkle und Helle Erdhummeln, Stein-, Garten-, Wiesen-, Baum- und Ackerhummeln. Und dann die Sensation! Man schaut in das, was sonst allen Blicken verborgen bleibt, weil es normalerweise tief unter der Erde liegt: in ein bewohntes Hummelnest. Doch der Zug pfeift pünktlich und wartet nicht auf verspätete Hummelzoobesucher, also heißt es bald wieder Abschied nehmen von den dicken Brummern.

Adresse Johanna-Waescher-Straße, 34131 Kassel-Bad Wilhelmshöhe (Zugang auch von der Druseltalstraße), www.hessencourrier.de | **ÖPNV** Tram 4, 7, Bus 12, Haltestelle Hasselweg | **Öffnungszeiten** Ostern – Dez. circa ein- bis zweimal pro Monat (meist an Sonn- oder Feiertagen), siehe Homepage | **Tipp** Die Hummelwerkstatt liegt am Ortsausgang von Naumburg, Fritzlarer Straße; zu Fuß die Bahnhofstraße bergab gehen und hinter der Kirche nach links der Mühlengasse und dem Habichtswaldsteig circa 15 – 20 Minuten folgen (Mai – Aug. Mi 15 – 17 Uhr, Sa, So 14 – 16 Uhr).

38 Die Holzbibliothek
Naturalien und Kuriositäten im Ottoneum

Drei Exponate machen das Naturkundemuseum »Ottoneum« so bemerkenswert: erstens der »Goethe-Elefant«, das Skelett eines etwa zehn Jahre alten Elefanten; ursprünglich ein quicklebendiges Hochzeitsgeschenk des Hauses Oranien an Landgraf Friedrich II. Goethe studierte an dessen Schädel den Zwischenkieferknochen. Zweitens das »Herbarium Ratzenberger«, eine der ältesten systematischen Pflanzensammlungen Europas (1556 – 1592).

Und schließlich drittens, sehr originell und absolut einzigartig: die »Schildbach'sche Holzbibliothek« (1771 – 1799), eine Sammlung von 530 »Büchern«, gefertigt aus dem Holz und der Rinde unterschiedlichster Baum- oder Straucharten. Die »Bücher« sind innen hohl und gefüllt mit Blättern, Blüten, Früchten und Samen der jeweiligen Gehölze, teils kunstvoll aus Papier und Wachs detailgetreu nachgeahmt und koloriert; dazu gibt's noch forstbotanische Erläuterungen von Carl Schildbach.

Das Renaissance-Gebäude des »Ottoneum« wurde 1604 bis 1606 von Landgraf Moritz dem Gelehrten ursprünglich als erster fester Theaterbau Europas erbaut. Benannt ist es nach Moritz' ältestem Sohn Otto. Mit dem Ausbruch des Dreißigjährigen Krieges endete 1618 die allzu kurze Nutzung als Schauspielhaus; stattdessen wurden im Ottoneum fortan Kanonen gegossen. Landgraf Karl ließ das Gebäude 1696 im barocken Stil umbauen. Zunächst zog eine Kunst-, Naturalien- und Kuriositätensammlung ein, außerdem ein Sektionssaal und eine Sternwarte. Im Jahr 1709 folgte das Collegium Carolinum. Sein bedeutendster Lehrer war wohl der Naturforscher Georg Forster, der in den Jahren 1772 bis 1775 an der zweiten Weltumsegelung von James Cook teilgenommen hatte und von 1778 bis 1784 am Collegium Carolinum unterrichtete. Bis zu seiner Eröffnung als Naturkundemuseum im Jahre 1885 war das Ottoneum außerdem: Kadettenhaus, Steuerkollegium, Akademie der Bildenden Künste, Gericht, Lazarett und Katasteramt.

Adresse Naturkundemuseum im Ottoneum, Steinweg 2, 34117 Kassel-Mitte | **ÖPNV** Tram 1, 3, 4, 5, 6, 8, RT 3, RT 4, Haltestelle Friedrichsplatz | **Öffnungszeiten** Di, Do–Sa 10–17 Uhr, Mi 10–20 Uhr, So 10–18 Uhr | **Tipp** Man beachte den Brunnen vor dem Museum (von Hans Everding, 1907): Denis Papin (1647–1712), der mit seiner Erfindung der Hochdruckdampfpumpe seiner Zeit weit voraus war, ist als Götterbote Hermes mit seinem Schaufelradboot dargestellt, mit dem er 1707 Kassel auf der Fulda verließ.

39 Der Hornaffen-Bäcker
Wie der Cass'ler Hornaffe zu seinem Namen kam

Er ist kein Affe, und er hat auch keine Hörner. Ja, aber was ist er dann, der Cass'ler Hornaffe? – Er ist ein Gebäck. Und woher kommt sein merkwürdiger Name? Schauen wir im Wörterbuch der Brüder Jacob und Wilhelm Grimm nach; das passt ja irgendwie zu Kassel. Dort lesen wir: »1) eine art gebäck, in gestalt zweier aneinandergefügter hörner, anderswo in bretzelgestalt. der name, dem eigentlichen sinne nach dunkel, ist alt: artocopus hornaffe, hornaf, hornaph, harnaff, harnof ... 2) hornaffe, triangulum, ein zwickel zwischen den fensterscheiben ...« So, jetzt sind wir schlauer, ein Gebäck in Form zweier aneinandergefügter Hörner ist es also. – Einen weiteren, weitaus deftigeren Namen gibt es für den Hornaffen auch. Im Mittelalter war es bei der Bäckerzunft nämlich durchaus Brauch, Backwaren Geschlechtsteilen nachzubilden und sie auch nach ihnen zu benennen, in diesem speziellen Fall nach denen weiblicher Affen. Dafür gibt es einen recht derben, umgangssprachlichen Ausdruck ...

Seit 1422 ist das Rezept des Cass'ler Hornaffen überliefert. In Kassel backen ihn heute nur noch zwei Traditionsbäckereien und Konditoreien: Café Nenninger (gegründet 1900) am Friedrichsplatz 8 und Bäcker Becker (gegründet 1908). – Andreas Becker, in der vierten Generation Bäcker- und Konditormeister, verrät die Grundzutaten des Hornaffen: Plunderteig, gefüllt mit einer Mandelzubereitung, Orangeat, Zitronat, Rosinen und Korinthen und bestreut mit gehackten Mandeln.

Früher wurde der Cass'ler Hornaffe nur zur Jahreswende gebacken; mittlerweile bekommt man ihn zu jeder Jahreszeit, doch weil er ein sehr gehaltvolles Backwerk ist, meist im Winterhalbjahr. Übrigens: Bäcker Becker backt bis heute traditionell handwerklich hergestellte Backwaren nach eigenen Rezepturen und mit regionalen Zutaten wie zum Beispiel Mehl von der letzten Kasseler Mühle, der Pariser Mühle im Ahnatal.

Adresse Friedrich-Ebert-Straße 119, 34119 Kassel-Vorderer Westen | **ÖPNV** Tram 4, 8, Bus 27, Haltestelle Friedenskirche | **Öffnungszeiten** Mo–Fr 6.30–18.30 Uhr, Sa 6.30–18, So 8–18 Uhr (das angeschlossene Café öffnet eine halbe Stunde später und schließt eine halbe Stunde früher) | **Tipp** Witzig, nett und gern übersehen: »Der Stuhl des Chefredakteurs Karl Marx« an der Haltestelle Friedenskirche. Ein winziges goldenes Stühlchen auf einem drei Meter hohen Sockel von Hildegard Jaekel (1989).

40 Das Hotel Hessenland
Wir sind wieder wer!

Wir schreiben das Jahr 1953. Zehn Jahre zuvor war die Innenstadt von Kassel völlig zerstört worden. Tabula rasa sozusagen; ein »neues Kassel« konnte entstehen, musste entstehen. Dabei sollte nichts mehr an das Alte, Vergangene erinnern. Modern sollte diese Stadt aus ihren Ruinen auferstehen, menschenfreundlich. Mit viel Platz für Bäume und Grün, breiten Gehwegen ... So entstand Deutschlands erste Fußgängerzone, die Treppenstraße. Autofreundlich sollte diese Stadt ebenfalls sein: Kurze Zeit später wurde Deutschlands modernste Kreuzung, der Altmarkt, genau dort gebaut, wo früher einmal das Zentrum der Altstadt gewesen war.

Am Wilhelmshöher Platz (heute: Brüder-Grimm-Platz) eröffnete das größte und modernste Hotel Nordhessens, das »Parkhotel Haus Hessenland«. Paul Bode hatte es geplant, der Bruder des berühmteren documenta-Begründers Arnold Bode. Der ganz eigene Stil dieser Zeit ist in der klar gegliederten Fassade mit ihren Loggien, im eleganten Eingangsbereich und in einem Zimmer bis heute zu spüren. Wie fliegende Untertassen schweben runde Deckenlampen über der Rezeption. Eine Treppe schwingt sich elegant um eine Lichtsäule in die ovale Öffnung eines Zwischengeschosses. Dort befindet sich der Frühstücksraum. In einer Ecke als Symbol für die Weltoffenheit Kassels eine wunderschöne Holzlackmalerei von Carl Döbel, »Ganze Welt unter einem Dach«: eine Weltkarte, Gold auf Schwarz, mit Abbildungen fremdländischer Kulturen, Tieren und Pflanzen. Ludwig Erhard weilte hier, Konrad Adenauer, Theodor Heuss.

Ein einziges Zimmer aus den 1950er Jahren ist originalgetreu erhalten. Nierentische, dunkelbraune, hochglänzende Möbel, eine Frisierkommode mit dreiteiligem Spiegel. Das Bad rabenschwarz gefliest – welch ein Kontrast zum wuchtigen weißen Waschbecken. Nein, das ist nicht mehr der Standard der heutigen Zeit, aber originell ist es allemal!

Adresse Days Inn Kassel Hessenland, Obere Königstraße 2, 34117 Kassel-Mitte | **ÖPNV** Tram 1, 3, 4, 5, 6, 8, RT 3, RT 4, Haltestelle Rathaus | **Öffnungszeiten** Von 11 – 18 Uhr sind der Eingangsbereich und das Zwischengeschoss frei zugänglich (bitte an der Rezeption fragen); zahlreiche Infotafeln erläutern in Wort und Bild die Geschichte des Hauses; das 1950er-Jahre-Zimmer ist nur auf Anfrage zu besichtigen. | **Tipp** Rechts neben dem Hotel Hessenland (Friedrichsstraße 25) verfällt leider das 1826 erbaute Hugenottenhaus, das 2012 Ausstellungsort der documenta (13) war.

41 Die Hundebäckerei
Cookies for friends

Gut möglich, dass es in dieser Bäckerei mal nach gebackener Leber riecht oder nach Fisch. Dann nämlich, wenn in der Backstube Kekse wie »Fleischeslust« oder »Fischschmaus« im Ofen knusprig bräunen. So heißen zwei der Kreationen von Julia Walloscheck. Und wenn es einem nicht schon längst klar war, dann spätestens jetzt: Hunde haben einen völlig anderen Keksgeschmack als Menschen!

Kassels erste und einzige Hundebäckerei ist aus der Not heraus geboren. Julias Münsterländer-Hündin litt unter einer seltenen Krankheit und musste dringend diätetisch ernährt werden. Doch das verfügbare Futter bestand häufig aus minderwertigen Zutaten – Gift für empfindliche Hundemägen! Ein Hundekochbuch brachte sie auf die Idee, das Fressen für ihren Vierbeiner selbst zuzubereiten und die ersten Leckerli im heimischen Herd zu backen: Karottenkekse. Und die kamen nicht nur bei ihrem Hund, sondern auch bei Freunden und Nachbarn so gut an, dass die Krankenschwester ihren sicheren Job kurzerhand an den Nagel hängte und sich mit »Cookies for friends« selbstständig machte.

In ihre Hundekekse dürfen nur frische Bio-Zutaten direkt vom Markt. Statt Weizen- wird Mais-, Reis-, Hirse- oder Dinkelvollkornmehl verwendet; dazu reichlich Mineralien, Spurenelemente und essenzielle Fettsäuren. Jedes einzelne Rezept ist selbst entwickelt, getestet und vom Veterinäramt abgesegnet. Was dem Hund ziemlich egal sein wird: Die Cookies gibt es in Herzform, als Knochen, Apfel oder gar Dackel. Sogar bis nach Sylt haben es die Kasseler Hundekekse schon geschafft; natürlich in der unverwechselbaren Silhouette der Insel. Selbst genähte Keksbeutelchen, Hundeknochen, -kissen und -decken ergänzen das Angebot ebenso wie Hunde-Utensilien des Herstellers »Treusinn«, die von Menschen mit Handicap produziert werden. – Ach ja: Einen Kaffee trinken kann man in der Hundebäckerei natürlich auch, Hunde ausdrücklich willkommen!

Adresse Entenanger 6, 34117 Kassel-Mitte | **ÖPNV** Tram 1, 3, 4, 5, 6, 8, RT 3, RT 4, Haltestelle Königsplatz | **Öffnungszeiten** Mo – Fr 10 – 17, Sa 10 – 13 Uhr | **Tipp** Bei gutem Wetter gibt es in Kassel einen atmosphärisch ganz besonderen Ort, um einen Kaffee oder einen Aperol zu trinken: das Il Convento in der Ruine der ehemaligen Garnisonkirche (An der Garnisonkirche 2).

42 Das ICH-Denkmal
Gut fürs Ego

Diese Gelegenheit gibt es selten; nämlich nur genau zwei Mal in Deutschland, einmal in Frankfurt und einmal in Kassel: Das ICH-Denkmal – für jeden, der sich einmal ganz bedeutend fühlen will. Genauer gesagt handelt es sich hierbei um den Sockel eines Denkmals, verziert mit der Inschrift »ICH« in großen goldenen Lettern und ein paar Treppenstufen auf der Rückseite, damit man auch darauf gelangen kann, um sich in Positur zu stellen und fotografieren zu lassen …

Soll das ein Witz sein? Genau, es soll ein Witz sein! Es handelt sich um Komische Kunst. Das Ich-Denkmal persifliert alle anderen Denkmäler und damit auch alle, die darauf thronen. Wenn man weiß, von wem es stammt, wird manches klar: Der Schöpfer dieses »Komische-Kunst-Werks« ist Hans Traxler (geboren 1929), Cartoonist und einer der wichtigsten Vertreter der sogenannten Neuen Frankfurter Schule (zu der unter anderen auch Robert Gernhardt gehörte). 1963 veröffentlichte Traxler unter einem Pseudonym die Märchenforschungs-Persiflage »Die Wahrheit über Hänsel und Gretel«. Nach langer Tätigkeit für die literarisch-satirische Zeitschrift »Pardon« gründete er 1979 zusammen mit anderen Satirikern, Karikaturisten und Cartoonisten das Satire-Magazin »Titanic«. 1983 entwickelte Traxler gemeinsam mit dem Satiriker Peter Knorr die Figur der »Birne« für den ehemaligen Bundeskanzler Helmut Kohl.

Seit der Caricatura V im Jahr 2007, einer Ausstellung der gleichnamigen Galerie für Komische Kunst im Kulturbahnhof Kassel, steht das ICH-Denkmal auf dem Brüder-Grimm-Platz. Auf einer Tafel neben dem Schwesterdenkmal in Frankfurt wird erläutert, was auch für dieses hier in Kassel gilt: »Jeder Mensch ist einzigartig. Das gilt natürlich auch für alle Tiere. Halten Sie es fest für immer. Hier.« (Zusammen mit einer Aufforderung, den Menschen oder das Tier zu fotografieren.) Nutzen Sie diese (fast) einzigartige Gelegenheit!

Adresse Brüder-Grimm-Platz, 34117 Kassel-Mitte | **ÖPNV** Tram 1, 3, 4, 5, 6, 8, RT 3, RT 4, Haltestelle Rathaus | **Öffnungszeiten** immer zugänglich | **Tipp** Ziemlich genau gegenüber befindet sich ein »richtiges«, allerdings recht unscheinbares Denkmal der Brüder Grimm, die 1814 bis 1822 im nördlichen Torhaus gelebt und gearbeitet haben. Künstlerin: Erika Maria Wiegand, 1985.

43 Das Irrgärtchen
... von Amors Pfeilen getroffen

Wirklich verirren kann man sich nicht zwischen den hohen Hecken des kleinen Irrgärtchens direkt neben der Löwenburg. Dafür erreicht man ziemlich sicher ein Wasserbecken und direkt dahinter eine Venus-Statue mit einem kleinen Amor und seiner verhängnisvollen Ausrüstung: dem Bogen und den Liebespfeilen. Mit ihnen muss Amor den Landgrafen Wilhelm IX. wohl mehrfach erwischt haben. Der hatte nämlich nicht weniger als 25 Kinder von drei Mätressen. Mit seiner eher als spröde geltenden Frau (und Cousine) Wilhelmine Karoline von Dänemark und Norwegen zeugte der spätere Kurfürst lediglich vier – allerdings legitime – Nachkommen.

Das Labyrinth ist direkt vor dem Damenbau der Löwenburg angelegt. Ein geheimnisvoller, romantisch idealisierter, streng symmetrischer Lustgarten, den es so im Mittelalter nie gegeben hat. Zur gesamten Gartenanlage der Burg gehören noch ein Turnierplatz nebst Tribüne auf der Südseite und ein Nutzgarten dazwischen.

Der Landgraf hatte nicht nur ein Faible für Frauen, sondern auch für die Epoche der Ritter. Für sich selbst und die dritte und letzte seiner Geliebten, Caroline von Schlotheim, ließ er 1793 bis 1801 die pseudomittelalterliche Löwenburg erbauen. Was wir neben dem Irrgärtchen also aufragen sehen, ist die romantische Vorstellung einer verfallenden englischen Ritterburg. Heinrich Christof Jussow hat die Burganlage bereits als Ruine geplant und auch so erbaut; über dem Eingang findet sich sogar die Jahreszahl »1495« unter einem Wappen, um die Illusion perfekt zu machen. Im Zweiten Weltkrieg wurden der mächtige Bergfried und weitere Teile der Burg dann jedoch tatsächlich schwer beschädigt. Die gesamte Anlage wird gerade im Original-Ruinen-Zustand wiederaufgebaut.

Hier, in dieser mittelalterlichen Atmosphäre, wollte Wilhelm (mittlerweile zum Kurfürsten aufgestiegen) auch begraben sein – allein, in einer Gruft unter der Burgkapelle, ohne seine Frau und ohne eine seiner Geliebten.

Adresse Bergpark Wilhelmshöhe, 34131 Kassel-Bad Wilhelmshöhe | **ÖPNV** Tram 1, Haltestelle Wilhelmshöhe (Park) | **Öffnungszeiten** Irrgärtchen und Löwenburg sind jederzeit von außen zu besichtigen; von innen nur mit Führung jeweils zur vollen Stunde März–15. Nov. Di–So 10–17 Uhr (letzte Führung 16 Uhr), 16. Nov.–28./29. Feb. Fr–So 10–16 Uhr (letzte Führung 15 Uhr) | **Tipp** Vor der Löwenburg fällt das Gelände steil in die Wolfsschlucht ab; dort war ursprünglich ein großer Wasserfall für die Wasserspiele im Bergpark geplant, der jedoch nie fertiggestellt wurde.

44 Die Kanonenkugel
»Startschuss« für die Treppenstraße

Sie markiert gewissermaßen das Ende des Königreichs Westphalen und die Flucht Jérôme Bonapartes aus seiner Hauptstadt Kassel. Eine Kanonenkugel russischer Kosaken schlug am 28. September des Jahres 1813 in das Nahlsche Haus ein. Abgefeuert aus erbeuteten westfälischen Geschützen auf dem »Forst« in der Nähe von Bettenhausen. Am 1. Oktober erklärte der russische General Czernitschew das Königreich Westphalen für aufgelöst. – Das Nahlsche Haus wurde nach Zerstörungen im Zweiten Weltkrieg abgerissen. Heute ist die Kugel im Treppenhaus des an dieser Stelle neu errichteten Gebäudes eingemauert (Eckhaus Obere Königsstraße / Treppenstraße).

Die Kanonenkugel aus den Napoleonischen Kriegen markiert damit auch den Beginn der Treppenstraße, der ersten Fußgängerzone Deutschlands. Sie wurde am 9. November 1953 eröffnet; die gesamte Anlage war 1955 anlässlich der Bundesgartenschau und der ersten documenta fertiggestellt. Die Treppenstraße verbindet den Ständeplatz mit dem Friedrichsplatz; und zusammen mit der Kurfürstenstraße den Hauptbahnhof / Kulturbahnhof mit der Innenstadt. Und weil auf dem 300 Meter langen Weg eine Höhendifferenz von 15 Metern zu überbrücken ist, braucht es insgesamt 104 flache Stufen.

Sehr charmant: Rechts und links der Treppenstraße sind noch zahlreiche 1950er-Jahre-Architekturen erhalten; gut erkennbar an den klar strukturierten Fassaden und dem zurückversetzten, obersten Stockwerk. Die Kreuzungspunkte sind durch hohe Gebäude markiert. Dazwischen sorgt niedrige Bebauung für Licht und Freiraum. Auffällig die Fassadengestaltung neben dem ehemaligen E.A.M.-Hochhaus: Das Sgraffito stellt im typischen Stil der 1950er Jahre die Wappen der Eigentümer (das sind die Landkreise) und die Trachten der Vertriebsorte dar. Und schließlich erinnert der Florentiner Platz, der sich etwa in der Mitte öffnet, an die erste Partnerstadt Kassels: Florenz.

Adresse Eckhaus Treppenstraße / Obere Königsstraße 41a (Zugang Treppenstraße), 34117 Kassel-Mitte | **ÖPNV** Tram 1, 3, 4, 5, 6, 8, RT 3, RT 4, Haltestelle Friedrichsplatz oder: Tram 7, RT 3, RT 4, RT 5, Bus 10, 12, 16, 17, 18, 19, Haltestelle Scheidemannplatz | **Tipp** Feinstes Hüftgold gibt's in der Chocolaterie & Patisserie Christian Bach in der Theaterstraße 1 (Florentiner Platz / Neue Fahrt). Sehr gediegen!

45 Das Kaskade-Kino
Das Lichtspielhaus mit den tanzenden Fontänen

Muss das eine Attraktion gewesen sein! Und gut für das Raumklima im Kinosaal waren sie allemal: die bunt beleuchteten und mit Musik unterlegten Wasserspiele im Kaskade-Kino. Sage und schreibe 120 Schalter und 15 Drehräder musste der Vorführer manuell betätigen, um die Fontänen im Rhythmus der Musik springen zu lassen. 1952 wurde das von Paul Bode geplante Kino am Königsplatz erbaut, und im Jahr 2000 erhoben sich die »tanzenden Fontänen« zum letzten Mal, bevor der letzte Vorhang fiel. Danach verstaubte das Kino in einer Art Dornröschenschlaf. Heute kann man wenigstens noch Reste davon in »denn's Bio-Supermarkt« unter einer Panzerglasplatte im Fußboden wiederentdecken: das Regiepult, verkalkte Rohre und Düsen und einige der vordersten, mit rotem Samt bezogenen Sitzreihen des Parketts; die komplette Kinobestuhlung auf der Empore und hoch über allem die sagenhafte, dreidimensionale goldene Decke. In den 1950er und 1960er Jahren wurden zahlreiche Filmpremieren in den Reiss'schen Lichtspielhäusern gefeiert. Stars wie Hildegard Knef, Trude Herr, Christine Kaufmann, Hans Albers, Heinz Rühmann, Curd Jürgens oder Heinz Erhardt ließen sich auf ihren Premierentourneen hier umjubeln und übernachteten in den bis heute existierenden Hotels Reiss und Hessenland.

Kassel war in den 1950er Jahren auch als Filmkulisse recht beliebt, zum einen wegen der damals hochmodernen 50er-Jahre-Architektur mit der ersten Fußgängerzone Deutschlands, der Treppenstraße. Zum anderen wegen der Trümmerszenerien (Kassel gehörte neben Hamburg und Dresden zu den am stärksten zerstörten Städten in Deutschland); und wegen des weitgehend intakten Gründerzeitviertels im Vorderen Westen oder des romantischen Bergparks. Unter anderen wurden hier »Ohne dich wird es Nacht« mit Curd Jürgens (1956), »Rosen für den Staatsanwalt« mit Walter Giller oder »Natürlich die Autofahrer« mit Heinz Erhardt (beide 1959) gedreht.

Adresse in denn's Bio-Supermarkt, Königsplatz 53, 34117 Kassel-Mitte | **ÖPNV** Tram 1, 3, 4, 5, 6, 8, RT 3, RT 4, Haltestelle Königsplatz | **Öffnungszeiten** Mo–Sa 8–20 Uhr | **Tipp** Wer die Fontänen noch einmal tanzen sehen möchte: www.youtube.com, Suchbegriff »Kaskade-Kino Kassel«. – Das Traditionsgeschäft Samen Rohde gegenüber hat »alles Gute für den Garten«.

46 _ Der Kassel-Airport
Wenn man mal wirklich seine Ruhe haben will

Wenn man mal wirklich seine Ruhe haben will, dann mache man im Winterhalbjahr einen Sonntagsausflug zum Kassel-Airport ins nahe gelegene Calden. Keinerlei Fluglärm wird die beschauliche Szenerie stören. Das Klappern von Kaffeegeschirr am Ende der lang gestreckten, architektonisch durchaus gelungenen Abflughalle wird das lauteste Geräusch sein. Dazu Gesprächsfetzen einiger Besucher, die sich wohl vergewissern wollen, wofür über 250 Millionen Euro Steuergelder verbraten wurden. Neonlicht spiegelt sich in grauen Steinzeugfliesen. Alles ist tipptopp blank geputzt. Ein Reisebüro bietet zu sehr vereinzelten Terminen Flüge in den Mittelmeerraum, nach Ägypten oder auf die Kanaren an. Durch eine große Fensterfront blickt man auf ein einsames Flug-Vorfeld, einen ebenso einsamen, blinkenden Tower, viele freie Parkplätze. Auf den beiden Anzeigetafeln gähnende Leere: »Departures / Abflug« – Fehlanzeige! »Arrivals / Ankunft« – Fehlanzeige! Diese Bildschirme sind ein beliebtes Fotomotiv bei neugierigen Neuankömmlingen. Am Infopoint welken weiße und blaue Luftballons vor sich hin, der aufblasbare Werbeflieger lässt seine Flügel hängen. Der gesamte Flugplan eines Jahres passt auf ein halbes DIN-A 4-Blatt. Immerhin muss der nahe Ort Calden nicht allzu sehr unter Fluglärm leiden.

Von Mai bis Oktober werden hier mehrmals in der Woche einige Maschinen starten und landen, und an sehr vereinzelten Terminen auch in der Wintersaison. Man kann diesem hübschen, einsamen Flughafen nur wünschen, dass ihn die Fluggesellschaften und die Bewohner der Stadt und der Region annehmen und nutzen. Vielleicht sollte man ihn werbewirksamer Frankfurt-Kassel-Calden nennen?

Wenn man mal wirklich seine Ruhe haben will, dann mache man in der dunklen Jahreszeit einen Sonntagsausflug zum Kassel-Airport ins nahe gelegene Calden – vorausgesetzt man stört sich nicht am Geklapper von Kaffeegeschirr.

Adresse Fieseler-Storch-Straße 40, 34379 Calden | **ÖPNV** Bus 100, Haltestelle Calden-Flughafen | **Anfahrt** Auf der B 83 in Richtung Vellmar, danach auf die B 7 in Richtung Calden; dort der Beschilderung folgen. | **Öffnungszeiten** Mo – So 8 – 20 Uhr | **Tipp** Bei Landwirt Klemme kann man selbst Erdbeeren und Himbeeren pflücken. Das Selbsternte-feld liegt in Calden, an der B 7 in Richtung Kassel (Hofladen: Am unteren Teich 4, 34393 Grebenstein-Schachten; www.klemme-obstplantagen.de).

47 — Die Kasseler Werkstatt
Begegnung »inklusive«

Gesundes und Buntes – und selbstverständlich alles bio: Gemüse, Salate, Kräuter; Äpfel, Beeren, Walnüsse; Stauden, Balkonblumen, Beetpflanzen. Alles aus eigenem Anbau im Freiland oder unter Glas. Alles Bioland-zertifiziert. Alles von Menschen mit Handicap gesetzt und gesät, gehegt und gepflegt, geerntet und verkauft. Wo? In der Kasseler Werkstatt (Bereich Gartenbau) in der Oberzwehrener Straße. Jeder kann dort einkaufen, sich ein eigenes Bild verschaffen, sich informieren – Begegnung inklusive.

Hier wächst nicht nur Gesundes zum Genießen und Buntes, um sich daran zu erfreuen. Hier wachsen auch Menschen mit geistigen Behinderungen und blühen auf: an den ihnen übertragenen Aufgaben nämlich. Sie werden selbstständiger, konzentrationsfähiger, ausdauernder und lernen, mit Kollegen und Kunden zu kommunizieren. An Motivation fehlt es selten: Es gibt wohl kaum engagiertere Mitarbeiter!

Beim traditionellen Frühjahrsverkauf am letzten Samstag im April dreht sich fast alles um Beet-, Balkon- und Jungpflanzen. Klassische Pelargonien – meist fälschlich Geranien genannt – in vielen Farben, hängend oder stehend, ganz nach Bedarf; dazu blaue Lobelien, reich blühende Petunien sowie zahlreiche neue, bis dato nie gesehene Balkonblumensorten, -farben und -formen. Auf Wunsch werden mitgebrachte oder neue Balkonkästen bepflanzt. Und falls es an einer eigenen Orangerie mangelt, können Kunden ihre Palmen, Oliven- oder Zitronenbäumchen hier in den Gewächshäusern überwintern lassen und sie nach den Eisheiligen wieder abholen – oder sie sich der Einfachheit halber direkt nach Hause bringen lassen. »Agentur für angepasste Arbeit« nennt sich die Kasseler Werkstatt gern. Worum es geht? Um die Inklusion von Menschen mit Handicap ins Arbeitsleben. Um das Erkennen ihrer Stärken, ihrer Potenziale, ihrer Kompetenzen. Nicht der Mensch wird der Arbeit angepasst, sondern die Arbeit dem Menschen.

Adresse Kasseler Werkstatt, Fachbereich Gartenbau, Oberzwehrener Straße 105, 34132 Kassel-Oberzwehren | **ÖPNV** Tram 5, 6, Bus 21, Haltestelle Keilsbergstraße | **Öffnungszeiten** Hofladen: Di, Fr 9–14 Uhr | **Tipp** Gesundes und Buntes aus der Kasseler Werkstatt gibt's auch bei: Biomarkt Greger, Wilhelmshöher Allee 275; Schmanddibben, Lassallestraße 9; Butterblume, Frankfurter Straße 59; Querbeet, Korbacher Straße 211.

48 Kassels schönste Loggia
Einsichten und Ausblicke

Diesen Innenraum erwartet man nicht! Die Räume sind hoch, die Wände glatt und hell. Die Farbe Weiß dominiert. Selbst der kostbare Terrazzo-Fußboden wirkt durch seinen hohen Marmoranteil ganz licht. Im obersten Stockwerk und in den seitlichen Ausstellungsräumen erhellt geschickt gestreutes Tageslicht die Kunstwerke; etwas Besseres kann ihnen wirklich nicht passieren! – Der Besuch der Neuen Galerie lohnt also allein schon wegen ihrer 2011 fertiggestellten Innenarchitektur und Lichtführung des Berliner Architektenbüros Volker Staab.

Außerdem erwartet hier den Besucher Kassels schönste Loggia – und sofort weiß man, woher die »Schöne Aussicht« ihren Namen hat. Wie auf ein impressionistisches Landschaftsgemälde aus dem 19. Jahrhundert blickt man von ihr auf die großartige Karlsaue hinab.

Die Neue Galerie ist – von außen betrachtet – eine verkleinerte Ausgabe der Alten Pinakothek in München. Von 1877 bis zum Zweiten Weltkrieg war in dieser ehemaligen preußischen »Königlichen Gemäldegalerie« die berühmte Gemäldesammlung des Landgrafen Wilhelm VIII. untergebracht (die heute im Schloss Wilhelmshöhe präsentiert wird). Seit 1976 wird hier wieder Kunst gezeigt: nun die des 19. bis 21. Jahrhunderts. Herzstück ist ein von Joseph Beuys persönlich eingerichteter Raum mit einer seiner berühmtesten Installationen: »The pack« (Das Rudel), ein VW-Bus, aus dem 24 Holzschlitten beladen mit Fett, einer Stablampe und einer eingerollten Filzdecke ausschwärmen. Die documenta-Kunst nimmt einen breiten Raum ein, ebenso wie abstrakte und zeitgenössische Malerei, die Klassische Moderne, der Impressionismus sowie die Landschaftsmalerei des 19. Jahrhunderts und die Künstler der Kasseler Akademie. Das überhaupt nicht enge und ebenso helle Untergeschoss bietet Raum für Wechselausstellungen. – Wer nicht hingeht, versäumt etwas, nicht nur den Blick von Kassels vielleicht schönster Loggia …

Adresse Schöne Aussicht 1, 34117 Kassel-Mitte | **ÖPNV** Tram 1, 3, 4, 5, 6, 8, RT 3, RT 4, Haltestelle Rathaus | **Öffnungszeiten** Di–So 10–17 Uhr, Do 10–20 Uhr | **Tipp** Der »Frühstückstempel« schließt die Schöne Aussicht nach Südwesten hin ab. Circa 1815 ließ Kurfürst Wilhelm I. das frei stehende, achtsäulige Ziertempelchen über der Karlsaue errichten.

49 Der Kassel-Steig
Einmal rundherum

Dies ist ein Weg, der viele Orte verbindet. Es ist der Kassel-Steig. 157 Kilometer rund um Kassel! Und wer hatte die Idee? Achtung, Zungenbrecher: der Hessisch-Waldeckische Gebirgsverein Kassel (HWGK) hat ihn der Stadt anlässlich ihres 1.100-jährigen Jubiläums im Jahr 2013 geschenkt. In zwölf Etappen mit Streckenlängen zwischen acht und 18 Kilometern – oder je nach Fitness gern auch zwei hintereinander – kann man diesen Panoramaweg bewältigen. Er startet, wie könnte es anders sein, am Herkules im Habichtswald und ist stets bestens markiert mit einem weißen »KS« auf blauem Grund. Perfekte Wanderbegleiter sind die Broschüre und die Karte »Kassel-Steig« des HWGK.

Es würde den Rahmen sprengen, diesen Rundwanderweg in seinem Verlauf komplett nachzuzeichnen. Es sei an dieser Stelle nur gesagt: Er lohnt sich! Unbedingt! – Weswegen? Wegen der grandiosen Aus- und Überblicke über die Stadt und das Kasseler Becken. Wegen der zahlreichen romantischen Fachwerkdörfer und -städtchen, die durchwandert werden wollen. Wegen geologischer Besonderheiten wie Basaltformationen, Steinbrüchen, dem Kasseler Meeressand oder ehemaligen Braunkohlebergwerken. Wegen kulturhistorischer Sehenswürdigkeiten wie Kirchen, Klöstern, Schlössern, Landgütern, Industriedenkmälern oder Museen. Wegen der Wälder: Habichtswald, Kaufunger Wald, Söhre, Langenberg. Wegen der Täler, Flüsse und Bäche: Ahnetal, Fuldatal, Niestetal, Lossetal, Baunatal, Druseltal. Wegen der Wiesen, Weiden und Felder, der landwirtschaftlichen Kulturlandschaft inklusive eines alten Hutewaldes. Wegen zahlreicher Naturparks, Natur- und Landschaftsschutzgebiete. Wegen des Bergparks Wilhelmshöhe …

Der Kassel-Steig ist perfekt angebunden an den öffentlichen Nahverkehr, sodass man die jeweiligen Ausgangspunkte von Kassel aus gut erreichen beziehungsweise am Nachmittag wieder in die Stadt zurückkehren kann.

Adresse Start beim Herkules, Bergpark, 34131 Kassel-Wilhelmshöhe | **ÖPNV** Bus 22, Haltestelle Herkules | **Tipp** Eindeutig bequemer kann man Kassel und seine Hauptsehenswürdigkeiten im Doppeldeckerbus erkunden. »Hop on, hop of« an insgesamt elf Haltestellen. Start: Busparkplatz Staatstheater/Papinplatz, Du-Ry-Straße. Termine: http://kassel-stadtrundfahrt.de

50 __ Die Kesselschmiede
Mr. Wilson – Krawatten verboten!

Eigentlich ist »Mr. Wilson« die Bezeichnung für einen Sturz. In dem Comic »Dennis, der Satansbraten« ärgert ein Junge namens Dennis seinen Nachbarn Mr. Wilson, indem er ihm sein Skateboard unbemerkt in den Weg stellt. Der arme Mann tritt darauf, es zieht ihm die Beine nach vorne weg – und er landet auf dem Allerwertesten. »Mr. Wilson« heißt seit 1989 auch Kassels erster Skateboardverein.

Seit 2011 rollen die Bretter der Skater in der Kesselschmiede, einer alten Werkshalle des ehemaligen Henschel-Werkes in Rothenditmold. Von Juli 2011 bis März 2012 haben dort junge Menschen mit unglaublichem Engagement und Know-how einen mehr als sehenswerten Skatepark selbst erdacht und ehrenamtlich aufgebaut. Finanziell unterstützt wurden sie durch ein Bundesprojekt: »ExWoSt – Jugend belebt Leerstand«. Und wie belebt diese ehemalige Henschel-Halle nun ist! Kids, Jugendliche und junge Erwachsene rattern auf ihren Boards über eine kunstvoll geschwungene Landschaft aus Holz: über Rails (eine Art Schienen), Ledges (schräge Kanten), Banks (Schrägen), Quarter-Pipes (gebogene Rampen), Half-Pipes (gegenüberliegende gebogene Rampen), Mini-Ramps (kleine Half-Pipes), Hips (dachförmige Hindernisse) oder durch eine Bowl (eine schüsselartige Vertiefung). Das bringt Spaß, fördert den Gleichgewichtssinn, und man lernt etwas fürs Leben: Immer wieder aufstehen!

2012 bis 2014 ist auf einem Innenhof direkt neben der Halle ein weiterer Parcours aus Beton entstanden. Insgesamt 1.000 Quadratmeter Fläche stehen den Skatern jetzt zur Verfügung. 2015 kürte das Good Times Magazin »Mr. Wilson« zu einer der zehn besten Hallen in ganz Deutschland und Österreich, und das Kingpin Skateboard-Magazin zählt die Anlage zu den europaweit 15 besten eigenhändig erbauten Skateparks. Übrigens: Hier darf jeder fahren (oder einfach nur zuschauen); man braucht kein Vereinsmitglied zu sein, es gibt auch Tageskarten.

Adresse Brandaustraße 1–3, 34127 Kassel-Rothenditmold | **ÖPNV** Bus 18, 19, Haltestelle Brandaustraße | **Öffnungszeiten** Di, Mi, Fr 16–21.30 Uhr, Sa, So 14–21 Uhr (Krawatten verboten!); jeden 1. und 3. Mo im Monat »Martha-Tag« (Girls only!) | **Tipp** Im »Heilhaus« gegenüber geht es um die großen (spirituellen) Themen des Lebens, um geboren werden, heil werden und sterben. Es wird als Mehrgenerationenhaus vom Bundesministerium für Familie, Senioren, Frauen und Jugend gefördert. www.heilhaus.org

51 Die Klosterkirche
Zisterziensisch schlicht

Sie ist die älteste Kirche der Stadt. Von außen wirkt insbesondere der mächtige Turm recht wehrhaft. Betritt man jedoch das helle Innere, fühlt man sich sofort wohl. Ein erstaunlich kleiner, einschiffiger Kirchenraum erwartet den Besucher, die weißen Wände sind durch sandsteinfarbene Pfeiler gegliedert und die Decke durch ein Kreuzrippengewölbe. Eine karge Ausstattung, die nicht ablenkt, die die Seele beruhigt; typisch für protestantische Kirchen und typisch für Zisterzienserkirchen, denn um eine solche handelte es sich ursprünglich.

Unwillkürlich bleibt der Blick an einem weißen Medaillon auf dem Kapitell einer Säule auf der rechten Seite des Kirchenschiffs hängen. Ein rätselhaftes, archaisch wirkendes Christusantlitz blickt da auf uns herab, wie ein Relief auf einer Oblate. Genau gegenüber eine kleine schwarze Fratze – der Teufel! Mit dem muss man wohl stets rechnen, selbst in einem Kirchenraum. Besonders gestaltet sind auch die Schlusssteine im Gewölbe über dem Altar und im vorderen Kirchenraum: Der vorderste zeigt wiederum ein Christusgesicht; man beachte die merkwürdige Stilisierung der Bart- und Haupthaare. Den zweiten ziert eine Maria mit Christuskind auf dem Arm und Apfel in der Hand. Eine »neue Eva« sozusagen.

Wie alt die Klosterkirche Nordshausen ist? Schwer zu sagen. Sicher ist: In den 1240er/50er Jahren wurde der Turm an eine winzige romanische Kapelle angebaut. Und auch der Taufstein ist romanisch und datiert um 1255. Zugemauerte romanische Rundbogenfenster sind noch an der Südseite der Kirche zu erkennen. Von 1257 datiert eine Schenkungsurkunde an das Kloster. 1467 wurde die Kirche wohl im heutigen gotischen Stil erweitert. Ab 1497 galt die benediktinische Regel, und 1527 wurde das Kloster im Zuge der Reformation aufgelöst. Sehr schön: der kleine Klostergarten gegenüber mit Gewürz- und Heilkräutern. Ein sonnendurchfluteter Ort der Muße und Entspannung.

Adresse Am Klosterhof, 34132 Kassel-Nordshausen | **ÖPNV** Bus 12, Haltestelle Obere Bornwiesenstraße | **Öffnungszeiten** von außen immer zu besichtigen; zum Gottesdienst So 10 Uhr; gegebenenfalls bei Frau Kirschenlohr, Korbacher Straße 209, Tel. 03631/401819, nach dem Schlüssel fragen | **Tipp** Beste Qualität, beste Beratung, bestens sortiert: der Pflanzenhof Nordshausen in der Korbacher Straße 181; www.pflanzen-hof.de

52 Die Knallhütte
Es war einmal ein kleines Mädchen namens Dorothea

Es war einmal eine Gastwirtschaft, die stand auf einem Höhenzug südlich von Kassel nahe der Ortschaft Rengershausen, und dort steht sie noch heute. Das Bier, das hier seit 1752 gebraut wird, heißt jetzt »Hütt« und das Brauhaus »Knallhütte«. – Woher stammt dieser merkwürdige Name? Vom Knallen der Peitschen, mit dem die Kutscher ihre Pferde antrieben und mit dem sie Brauereipferde als Vorspannpferde anforderten, um die dortige Anhöhe mit ihren schwer beladenen Wagen zu bewältigen. Hatte man die Steigung geschafft, belohnte man seine Tiere mit einer Rast und Wasser – und sich selbst mit einer Einkehr und einem kühlen Hellen.

Doch viel interessanter und bedeutsamer ist die Geschichte, die nun folgt: Am 8. November 1755 wird in der Knallhütte (die damals noch »Zum Birkenbaum« oder »Zum Grünen Baum« hieß) ein Mädchen geboren, Dorothea Pierson, Nachfahrin hugenottischer Einwanderer aus Metz. Dieses Mädchen wächst in einer interessanten Umgebung auf: Fuhr- und Kaufleute, die auf dem alten Handelsweg zwischen Kassel und Frankfurt unterwegs sind, machen im elterlichen Gasthaus Station und erzählen sich Geschichten; und auch von ihren Eltern und Großeltern hört die kleine Dorothea immer wieder Märchen und bewahrt sie Wort für Wort in ihrem Gedächtnis.

Eines schönen Tages – Dorothea lebt längst nicht mehr im Gasthaus ihrer Eltern, sondern im nahen (Nieder-)Zwehren und heißt nicht mehr Pierson, sondern Viehmann – werden die Brüder Grimm auf sie aufmerksam. Zwei Jahre lang, bis zu Dorothea Viehmanns Tod im November 1815, schreiben die Brüder insgesamt 37 Märchen der »Viehmännin«, wie sie sie selbst nennen, auf. So entsteht der Grundstock für »Grimms Märchen«, und so können sich heute noch Kinder freuen und fürchten an den Geschichten, die einst ein kleines Mädchen namens Dorothea in der Knallhütte gehört hat. Und wenn sie nicht gestorben sind, dann leben sie noch heute.

Adresse Knallhütte, 34225 Baunatal | **ÖPNV** Bus 63, 64, Haltestelle Baunatal-Knallhütte | **Öffnungszeiten** Mo–Do 11.30–23 Uhr, Fr, Sa 11.30–24 Uhr, So 11.30–22 Uhr | **Tipp** In fast direkter Nachbarschaft befindet sich das VW-Werk Baunatal. Die 1,2 Kilometer (!) lange Backsteinfront, die man gut von der A 44 aus sehen kann, steht unter Denkmalschutz. Kostenlose Führungen: besucherdienst.kassel@volkswagen.de

53 Die Kombinatsgaststätte
Ein Stück Ostalgie tief im Westen

»Genau wie bei uns früher!«, freuen sich Besucher aus Ostdeutschland. Wessis reiben sich verwundert die Augen: Die Tische zieren bunte Wachstuchdecken. Von der Wand blickt Erich Honecker wohlwollend-staatsmännisch auf das Kollektiv der Kombinatsgaststättengäste herab. Neben ihm das Sandmännchen. An der Toilettentür eine FDJ-Fahne. Auf der Bar die unvermeidliche Lenin-Büste.

Die Speisekarte ist für Wessis in vielen Teilen zumindest erklärungsbedürftig: »Einmal Soljanka, bitte, und eine Portion Würzfleisch.« – »Und für mich bitte eine ›Tote Oma‹.« – »Dazu eine grüne Fassbrause.« – »Und eine Club-Cola.« Die Fassbrause schmeckt wie grüner Wackelpudding, und die Club-Cola fast wie ihr westliches Pendant. Was in der süß-sauren Soljanka alles drin ist, will man gar nicht so genau wissen, aber die Suppe schmeckt! Und das Würzfleisch erinnert doch sehr an die Füllung von Königinnen-Pasteten. Die »Tote Oma« stellt sich als gebackene Blutwurst mit Sauerkraut, Pellkartoffeln und Gurke heraus. Danach braucht man dringend einen Schnaps! Vielleicht einen »Aromatique« oder einen »Schierker Feuerstein«? Eine Puddingsuppe mit Zwieback zum Nachtisch schafft man jetzt einfach nicht mehr! – Wahlweise gibt es auch eine Intershop-Speisekarte und den passend dazu dekorierten Raum. Hier werden West-Produkte zu etwas teureren Preisen angeboten.

Die Deko ist übrigens komplett von Gästen aus dem Osten gestiftet. Augenzwinkernde Reminiszenz an die ehemalige DDR-Mangelwirtschaft: Alle Vorhänge sind unterschiedlich in Art und Länge. »Blaue Fliesen«, im real existierenden Sozialismus unter der Hand die Bezeichnung für westdeutsche 100-Mark-Scheine, braucht man hier nicht; das Preisniveau ist erfreulich niedrig. Übrigens: Die Kombinatsgaststätte war ehemals Unteroffizierskasino einer Kaserne auf der Marbachshöhe, eine Atmosphäre, die zu dieser »ostalgischen« Gaststätte irgendwie sehr gut passt.

Adresse Amalie-Wündisch-Straße 3 (Marbachshöhe), 34131 Kassel-Bad Wilhelmshöhe | **ÖPNV** Tram 4, 7, Haltestelle Marbachshöhe | **Öffnungszeiten** Mo–Fr 7.30–14.30 Uhr und 17–23 Uhr, Sa 17–24 Uhr | **Tipp** Bouldern und klettern können Einsteiger und Profis im DAV Kletterzentrum Nordhessen, Johanna-Waescher-Straße 4; eine DAV-Mitgliedschaft ist nicht erforderlich (http://kletterzentrum-nordhessen.de).

54 Der Kontaktladen
Es ist genug für alle da!

Manchmal gibt es kaum ein Durchkommen mehr durch die engen Gänge zwischen den überquellenden Kleiderständern, Kisten und Regalen. Es ist genug für alle da! Das freut die Menschen, die hier ehrenamtlich arbeiten, ebenso wie diejenigen, die hier einkaufen. Alles in allem eine Win-Win-Win-Win-Situation! – Und die funktioniert so: Kasseler Bürger spenden Dinge des täglichen Lebens, die sie nicht mehr wollen oder brauchen, und entlasten sich damit. – Menschen, die wenig Einkommen haben, kaufen diese teils sehr gut erhaltenen Secondhandwaren für einen äußerst günstigen Preis und nutzen sie so ein zweites Mal. Das ist auch gut für die Umwelt. – Mit dem Erlös werden lokale, nationale und internationale Hilfsprojekte finanziell unterstützt. – Und schließlich haben 40 (!) Ehrenamtliche eine sinnstiftende Aufgabe beim Sortieren und Verkaufen der Waren und dem damit verbundenen Kontakt zu Spendern und Käufern.

Angefangen hat alles im Jahr 1979 als Nachfolgeeinrichtung eines Kontakt-Cafés für psychisch belastete Menschen. Initiiert wurde diese Gruppe von der mittlerweile verstorbenen Margret Muentzenberg, die für ihr unglaubliches soziales Engagement mit dem Bundesverdienstkreuz geehrt wurde.

Jeder kann hier fündig werden: Junge Familien entdecken gut erhaltene Kinderkleidung, Studenten originelle und günstige Klamotten, Leseratten Bücher und Lesebrillen, sozial Schwächere Haushaltswaren oder Kleidung, Schnäppchenjäger interessante Geschenke, Kinder lustige Spiele, Reisende Koffer in allen Größen. – Waren, die nicht verkauft werden können, weil das Spendenaufkommen zu hoch ist, werden an andere Hilfsorganisationen weitergegeben. Derzeit können aus dem Erlös sage und schreibe etwa 100.000 Euro pro Jahr für kleine und große Projekte an karitative Einrichtungen in Kassel, in Deutschland und in aller Welt gespendet werden! – Es ist genug für alle da!

Adresse Kunoldstraße 16, 34131 Kassel-Bad Wilhelmshöhe | **ÖPNV** Tram 1, Haltestelle Kunoldstraße | **Öffnungszeiten** Mo–Fr 10–13 und 15–18 Uhr | **Tipp** Bei der Bäckerei Umbach schräg gegenüber gibt es ein herrliches Steinofen-Sauerteigbrot, frisch vom Fünf-Kilo-Laib geschnitten.

55 Die Künstler-Nekropole
Letzte Ruhestätte für documenta-Künstler

Vögel zwitschern. Ein Specht hämmert. Der Habicht beobachtet von höherer Warte aus die Szenerie. – Auf einer sonnenüberfluteten Lichtung erheben sich acht Holzstelen um eine Art Becken. »Spielraum« nannte Werner Ruhnau seine Grabstätte, ein Ort des Festes und des Spiels solle sie sein, so sein letzter Wille. Ein freundlicher, ruhiger Ort. Nur der »Blaue See« ist nicht blau, sondern eher schwarz wie ein tiefes Loch; er ist ein ehemaliger Basaltsteinbruch, der sich mit Wasser gefüllt hat. – Wie sich wohl die Künstler gefühlt haben mögen, als sie hier ihre eigenen letzten Ruhestätten schufen?

Verstreut um den See, im Wald oder auf Lichtungen weitere Werke: die Stahlsäule »Circuitus« von Gunter Demnig; »EN 6355«, eine Art Basaltsarkophag, von Fritz Schwegler. Ein paar Schritte weiter schwebt eine überdimensionierte, kreisrunde »Vogeltränke« aus rötlichem Granit zwischen den kathedralengleichen Stämmen mächtiger Buchen – Heinrich Brummacks Grabmal. Da! Scheinbar zwei Fußabdrücke unter einer Glasscheibe: »Auf der Unterseite der Erdoberfläche« von Timm Ulrichs, in Wirklichkeit ein Hohlkörper kopfunter in der Erde. Ein Stück weiter »Momentum«, ein Auge aus Beton: »Das Auge ist das Herz der Kunst«, fräst Karl Oskar Blase 2010 auf die Rückenlehne einer Holzbank. Ein Ölgemälde an einer Buche, »Abendtreffen an der Lichtung – Harrys Abschied« von Blalla W. Hallmann. Steinquader in der Erde, aufgereiht wie ein Dominospiel mit rätselhaften Buchstaben »La Vita corre corne riva fluente« von Rune Mields. Auf einer Wiese »Denkort« von Ugo Dossi – rostende Stahlplatten, filigran durchbrochen von Blumenmustern, Gesichtern.

1992 gründete der Kasseler Kunstprofessor Harry Kramer die Stiftung Nekropole. Neun documenta-Künstler haben inzwischen ihre Grabmale hier installiert. Harry Kramer wurde 1997 anonym auf dem Gelände beigesetzt; 2015 als erster Künstler Werner Ruhnau.

Adresse Ahnatalstraße, Parkplatz Bergfreiheit, 34128 Kassel-Harleshausen | **Pkw** zunächst der Ahnatalstraße bergauf bis zum Parkplatz Bergfreiheit folgen, dann dem Weg 22 bergauf, dann dem Rundweg 1 nach rechts; circa 15 Minuten Fußweg | **ÖPNV** Bus 10, 24, Haltestelle Sonnenhang | **Öffnungszeiten** jederzeit zugänglich | **Tipp** Folgt man ab der Nekropole der Markierung »Dreieck« bergauf, erreicht man nach 5 bis 10 Minuten das Luftbad Waldwiese mit Kneipp-Arm- und -Fußbecken; ein Relikt der »Naturheilbewegung« aus dem Jahr 1928.

56 Das Kurbad Jungborn
Das letzte Fulda-Bad

»Unentbehrlich für jeden Haushalt sind heizbare Badestühle, in welchen man sich mit fünf Pfennig Kohle in 25 Minuten ein warmes Vollbad zubereiten kann. In jedem Zimmer sofort aufzustellen, mit jedem Brennmaterial zu heizen.« So lautet die Werbung für eine transportable Sitzbadewanne aus den 1880er Jahren, die im originellen Kasseler Bademuseum des ehemaligen Kurbads Jungborn ausgestellt ist. – Oder wie wäre es damit? »Von den verschiedenen Badeapparaten hat noch keiner einen größeren Beifall gefunden wie Dittmann's Wellenbadschaukel, geeignet für leichten und starken Wellenschlag, Vollbad, Kinderbad, Dampfbad oder Sitzbad.« Solche oder ähnliche Badewannen aus Zink sind in diesem kleinen Museum ebenso zu bewundern wie Bade-Bottiche, Armaturen und Porzellanknäufe für Wasserspülungen. Oder die voll eingerichteten Badezimmer aus den verschiedenen Stilepochen des vorigen Jahrhunderts.

Ursprünglich war das Kurbad Jungborn ein Flussschwimmbad an der Fulda, danach ein öffentliches Reinigungsbad. Nachdem es 1923 aufgegeben worden war, weil die Stadt Kassel das Aue-Flussschwimmbad eröffnet hatte, übernahm es ein medizinischer Bademeister namens Hellmut Ulbricht und gab dem Bad seinen jetzigen Namen, unter dem es immerhin bis 1998 betrieben wurde. Ab 2006 nahm sich ein Förderverein des verfallenden Kurbades an und eröffnete 2011 das Kasseler Bademuseum, in dem die Geschichte der Flussbäder, der städtischen Freibäder, der Hallenbäder und der öffentlichen und privaten Reinigungsbäder nachgezeichnet wird.

In den Räumlichkeiten und auf einer schönen Flussterrasse lädt das »Kollektiv-Café« zu einer Mußestunde ein. Der Kaffee stammt vom Kaffeekollektiv »Aroma Zapatista« aus Hamburg, der Kuchen wird in der Kommune Niederkaufungen gebacken. Es gibt Solidaritätspreise nach individuellen finanziellen Möglichkeiten; den schönen Blick auf Drahtbrücke und Fulda gibt es ganz umsonst.

Adresse Sternstraße 20 (direkt an der Drahtbrücke), 34123 Unterneustadt | **ÖPNV** Tram 4, 8, RT 3, RT 4, Bus 14, 15, 17, 18, 19, Haltestelle Unterneustädter Kirchplatz | **Öffnungszeiten** Café und Museum Mi–Sa 15–20 Uhr, So 14–18 Uhr | **Tipp** In der Blücherstraße 22a, keine 200 Meter fuldaaufwärts, befindet sich der Bootsverleih Ahoi; dort kann man von April bis Oktober Kanus, Kajaks oder Tretboote ausleihen. Sa, So, Feiertage 10–18 Uhr oder nach Vereinbarung; www.bootsverleih-ahoi.de

57 Die Landesbibliothek
(Virtueller) Bewahrer von Dokumenten von Weltrang

Unglaubliche 420.000 Bücher, 450 mittelalterliche und 10.000 neuere Handschriften sowie 20.000 historische Musikalien von unschätzbarem Wert werden hier bewahrt. Das Hildebrandlied und die Handexemplare der Kinder- und Hausmärchen der Brüder Grimm sind die kostbarsten Schätze der – Achtung Wortungetüm! – »Universitätsbibliothek Kassel – Landesbibliothek und Murhardsche Bibliothek der Stadt Kassel« (so der offizielle Name). Die Handexemplare können neuerdings hinter Panzerglas in der neuen Grimmwelt bestaunt werden. Das Hildebrandlied wird im Tresor verwahrt und ist derzeit nicht für das Publikum zugänglich.

Näher kommen kann man den beiden Schriften ausschließlich in einer virtuellen Bibliothek: ORKA – »Open Repository Kassel«, die »offene Quelle«, die Online-Plattform der Universitätsbibliothek. Das Hildebrandlied aus dem 9. Jahrhundert ist eine der ältesten deutschsprachigen Dichtungen und das einzige überlieferte Beispiel für altdeutschen Heldengesang: Es wurde vermutlich von Mönchen in Fulda auf die noch freien Pergamentvorder- und Rückseiten eines christlichen Kodex notiert. – Die fünf Handexemplare der Erstausgabe von 1812/15 der Kinder- und Hausmärchen der Brüder Grimm gehören zum UNESCO-Weltdokumentenerbe. Sie sind mit zahlreichen handschriftlichen Anmerkungen von Jacob und Wilhelm Grimm versehen. Blättern kann man in ihnen einzig in dieser virtuellen Version!

Die beiden Schätze (und zum Beispiel auch der gesamte Nachlass der Landgrafen und Kurfürsten von Hessen-Kassel) gehören zur Landesbibliothek. Doch woher kommt der Name der zugehörigen städtischen »Murhardschen« Bibliothek? Die Brüder Karl und Friedrich Murhard vererbten 1863 ihr durchaus erkleckliches Vermögen ihrer Heimatstadt mit der Maßgabe, damit eine Bibliothek zu gründen. Und dies, obwohl sie wegen ihrer liberalen Ansichten zu Lebzeiten unter manchen Repressalien zu leiden hatten!

Adresse Brüder-Grimm-Platz 4a, 34117 Kassel-Mitte, http://orka.bibliothek.uni-kassel.de, Suchbegriffe »Grimm Kinder- und Haus-Märchen«, »Hildebrandlied« | **ÖPNV** Tram 1, 3, 4, 5, 6, 8, RT 3, RT 4, Haltestelle Rathaus | **Öffnungszeiten** Mo–Fr 9–18 Uhr, Sa 9–13 Uhr | **Tipp** Schauen Sie doch auch mal in das virtuelle Bananen-Aufkleber-Museum von Dr. Jochen Ebert aus Kassel mit rund 4.000 Bananenaufklebern aus aller Welt (www.b-a-m.de).

58 Der Laserscape
Grüne Lichtlinien im Nachthimmel

Ausnahmsweise waren sich die Kasseler Bürger einig: Dieses documenta-6-Kunstwerk (1977) des Düsseldorfer Künstlers Horst Baumann wollten sie unbedingt behalten. Warum? Weil es wunderhübsche, schnurgerade Lichtlinien in den Kasseler Nachthimmel zeichnet. Weil es die Innenstadt mit dem Herkules und der Orangerie verbindet. Weil es die barocken Achsen der Karlsaue ebenso nachzeichnet wie die Wilhelmshöher Allee, die Verbindung der Stadt zu Schloss und Bergpark Wilhelmshöhe. Weil es einfach schön ist.

Nur wie finanzieren? Rainer Dierichs half, der Herausgeber der lokalen Tageszeitung. Und so wurde am 13. Januar 1979 die weltweit erste permanente Laser-Lichtskulptur im städtischen Raum in Betrieb genommen. – Doch das war auf Dauer ein teures Vergnügen! Die Laser dieser ersten Generation mussten aufwendig mit Wasser gekühlt werden, und ihre Stromkosten waren astronomisch! Zum »Dank« dafür nahm ihre Leistung kontinuierlich ab. Nach einer Beschädigung im Jahr 1992 wurde der Laserscape erst wieder im Jahr 2000 in Betrieb genommen. 2007 drohte das erneute Aus. Doch eine Spendenaktion, bei der Kasseler Bürger virtuelle Anteile des Lasers erwerben konnten, ermöglichte die Installation einer energiesparenderen Technik und den weiteren Betrieb. Was zeigt: Den Kasseler Bürgern lag der Laserscape doch sehr am Herzen.

Der Laserscape ist im Zwehrenturm installiert: 1330 wurde dieses Stadttor im gotischen Stil als Teil der Befestigungsanlage der Altstadt erbaut. Der Name zeigt die Richtung an, in welche sich das Tor zur Frankfurter Straße hin öffnete: zum Dorf Zwehren. Anfang des 18. Jahrhunderts wurde der Zwehrenturm unter Landgraf Karl als Sternwarte genutzt.

Die grünen Laser-Linien sind jeweils samstags nach Einbruch der Dunkelheit bis circa ein Uhr am Kasseler Nachthimmel zu bewundern. Beste Beobachtungspunkte sind der Platz vor der Orangerie oder vom Herkules herab.

Adresse Zwehrenturm, Steinweg / Ecke Oberste Gasse, 34117 Kassel-Mitte (besser sichtbar vom Herkules herab oder vor der Orangerie) | **ÖPNV** Tram 1, 3, 4, 5, 6, 8, RT 3, RT 4, Haltestelle Friedrichsplatz; Bus 16, Haltestelle Steinweg | **Öffnungszeiten** Sa nach Einbruch der Dunkelheit bis circa 1 Uhr | **Tipp** Seit drei Jahrzehnten macht im Juli und August das »Kulturzelt« auf der Fuldawiese bei der Drahtbrücke Station; an über 30 Abenden musizieren auf diesem Musikfestival Künstler aus aller Welt; Programm: www.kulturzelt-kassel.de

59 Die Linearuhr
Zeitanzeige einmal ganz anders

Was ist das, was da am oberen Ende der Wilhelmsstraße neun Meter hoch senkrecht aus der Erde ragt? Glühlampen leuchten im Sekunden-, Minuten-, Stundentakt auf, um plötzlich wieder zu erlöschen. Man kann es am gleichmäßigen Rhythmus der unteren Leuchten schon erahnen: Es könnte sich um eine Uhr handeln.

Es ist eine Uhr, die Linearuhr, und gleichzeitig ein Kunstobjekt, eine »Lichtkinetische Skulptur«. Nun ist Muße gefragt und ein wenig Gripsgymnastik, um herauszufinden (oder auch nicht), wie man an dieser Uhr die Zeit ablesen könnte. Zumal hin und wieder ein paar Birnen ausfallen. Klar ist: Die unteren Lampen müssen die Sekunden sein. – Am besten setzt man sich vor das Café an der Ecke, bestellt einen Cappuccino und beobachtet das ständig wechselnde Lichtspiel. Für alle, die sich diese Mußestunde nicht nehmen wollen oder können, hier eine Anleitung: Insgesamt sind 39 Glühbirnen von unten nach oben in sechs Gruppen angeordnet. Die untersten neun zeigen einzelne Sekunden an. Darüber befinden sich fünf Birnen, die jeweils Zehn-Sekunden-Abschnitte anzeigen. Die neun darüber stehen für die einzelnen Minuten, und die nächsten fünf zeigen jeweils Zehn-Minuten-Abschnitte an. Darüber noch einmal neun für einzelne Stunden. Und ganz oben stehen zwei Leuchtkörper für jeweils zehn Stunden. – Kapiert? – Nein? – Ein Beispiel! Nehmen wir 15 Uhr 37 Minuten und 42 Sekunden. Ganz unten leuchten zwei Birnen für die zwei Sekunden, darüber vier für 40 Sekunden, darüber sieben für sieben Minuten, darüber drei für 30 Minuten, darüber fünf für fünf Stunden, darüber eine für zehn Stunden. So, jetzt müsste es einigermaßen klar sein.

Und wer hat's erfunden? Peter Herta, ein Kasseler Ingenieur und Künstler; und zwar in den 1960er Jahren, zu einer Zeit also, als die Uhren noch rund waren und kein Mensch an digitale Zeitanzeige dachte. Dem Künstler selbst ging es eher um die Themen: Zeit, Licht, Leben.

Adresse Wilhelmsstraße/Ecke Ständeplatz, 34117 Kassel-Mitte | **ÖPNV** Tram 7, RT 3, RT 4, RT 5, Bus 12, 16, Haltestelle Wilhelmsstraße/Stadtmuseum | **Tipp** »Herkules trägt den Obelisken« heißt die gern übersehene detailreiche, fünf Meter hohe Bronzeplastik von Ivan Theimer, zu finden vor der ehemaligen Bundesbankfiliale am Ständeplatz zwischen Stadtmuseum (Neueröffnung 2016) und Ständehaus.

60 lückenlos & bildschön
Und ewig grinst die Mickey Mouse

Augenzwinkernd lächelt eine toupierte 50er-Jahre-Schönheit von der Leuchtreklame herab. In einem der Schaufenster machen es sich Stan Laurel und Oliver Hardy in ihren Sesseln gemütlich – der eine stillvergnügt und selbstzufrieden, der andere schelmisch schmunzelnd die nächste Katastrophe heraufbeschwörend. Direkt dahinter sorgt ein quietschgrüner Tisch-Ventilator für frische Luft. Aus einem zweiten Schaufenster grinst Mickey Mouse den wenigen Passanten zu, die sich in die Gräfestraße im Kasseler Stadtteil Wehlheiden verirren; daneben präsentiert Freund Pluto ein Tablett wie ein kerzengerade aufrecht stehender Butler.

Zwei Stufen geht es hinab in den Salon, und hier setzt sich der amerikanische Retro-Style der 1930er bis 1960er Jahre konsequent mindestens genauso schrill und schräg fort. Kunden nehmen auf einem mit grünem Kunstleder bezogenen Sofa Platz. An der Wand gegenüber zeigt eine Blondine, die doch sehr an die Pop Art von Roy Lichtenstein erinnert, ihr schönes Haar; in einer Sprechblase steht, was sie denkt: »lückenlos & bildschön«.

Fahles Gelb, zartes Türkisgrün und Rosa sind die Grundfarben. Chrom blitzt, bunte Neonreklame leuchtet, Coca-Cola wirbt, das Telefon klingelt wie das von Kojak. Das Radio ist eine verkleinerte Ausgabe einer Wurlitzer-Musicbox. Neben der Tür steht die Nachbildung einer alten Shell-Zapfsäule; die Spritmenge wird in Gallonen angezeigt und der Preis in US-Dollar. Von einem der zahlreichen Blechschilder winkt Marilyn Monroe. Im sämtlichen Ecken kann man Kurioses entdecken.

Ach ja: Die Haare schneiden lassen können Frauen und Männer sich hier auch. Andrea Sterzing, Friseurmeisterin und Inhaberin seit 1998, hat ihrem Salon eigenhändig diesen Look verpasst. Sie selbst sei nie in den Vereinigten Staaten gewesen; sie habe einfach ein Faible für diesen Style, und in ihrer Wohnung sähe es ein bisschen ähnlich aus, erklärt die Blondine – augenzwinkernd.

Adresse Gräfestraße 49, 34121 Kassel-Wehlheiden | **ÖPNV** Tram 1, 3, Haltestelle Murhardstraße/Universität; Bus 12, Haltestelle Kurt-Kersten-Platz | **Öffnungszeiten** Di–Fr 10.30–18 Uhr | **Tipp** Suff'n, Schwatz'n, Rock'n können man(n) und frau prima in der originellen Kasseler Kultkneipe »Fiasko« (mit Biergarten) in der Schönfelder Straße 18 (www.fiasko-kassel.de).

61 Der Luise-Greger-Weg

Eine Spurensuche auf romantischen Pfaden

Es ist gut möglich, dass Luise Greger (1862–1944) diesen Weg genommen hat, der heute nach ihr benannt ist, wenn sie von ihrem ersten Wohnort in Kassel, einer Villa in der Burgfeldstraße 6, zum Bahnhöfchen nach Wilhelmshöhe flanierte. Ganz romantisch immer entlang des Druselbaches verläuft dieser Pfad, vorbei an Pferdekoppeln; und auch den Herkules dürfte sie in der Ferne erblickt haben.

Wer war diese selbst in Kassel heute wenig bekannte Frau? Sie gehörte zu einer ebenso raren wie verkannten Spezies: Sie war Komponistin. Und das zu einer Zeit, in der den Frauen schlicht und ergreifend die Fähigkeit zu komponieren abgesprochen wurde. Auf der Berliner Musikhochschule war die Komponistenklasse für Frauen wie Luise Greger jedenfalls tabu. In Berlin erhielt die gebürtige Greifswalderin auch Gesangsunterricht, und kein Geringerer als Richard Strauss soll ihr den Titel »Komponistin« verliehen haben.

Die Musik Luise Gregers ist nicht nur romantisch (wie der nach ihr benannte Weg). Über 200 Stücke komponierte sie, darunter über 100 Lieder. Zwei Märchenopern gehören zu ihrem Oeuvre: die »Gänseliesel« wurde am 10. Dezember 1934 in Baden-Baden uraufgeführt; das Werk mit dem Titel »Teddy« ist verschollen. Ihre Kompositionen werden im Kasseler Frauen-Musik-Verlag Furore veröffentlicht.

Nach ihrer Scheidung zieht sie 1911 ins Hotel Schombart in die Wilhelmshöher Allee 259 (heute Deutsche Bank). Das Ende von Luise Greger wirft Fragen auf. Von 1939 bis 1943 lebt sie im »Hessischen Siechenhaus Gesundbrunnen« in Hofgeismar, bevor sie wegen einer »allmählich zunehmenden senilen Seelenstörung« am 2. Dezember 1943 mit einem Sammeltransport in die berüchtigte psychiatrische Anstalt Merxhausen zwangsverlegt wird, wo sie wenige Wochen später, am 25. Januar 1944, im Alter von 81 Jahren stirbt. Wurde Luise Greger letztendlich Opfer nationalsozialistischer Euthanasie?

Adresse Der Luise-Greger-Weg beginnt an der Baunsbergstraße, führt immer entlang des Druselbaches und endet an der Niederwaldstraße, 34131 Kassel-Bad Wilhelmshöhe | **ÖPNV** Tram 3, Haltestellen Christuskirche oder Wigandstraße | **Tipp** Im Café Palmenbad in der Kurhausstraße 25 werden fair gehandelte, regionale und vegane Produkte angeboten; von 1896 bis 1918 existierte in unmittelbarer Nachbarschaft das »Palmenbad«, das mit der Abwärme eines Elektrizitätswerks geheizt wurde.

62 Die Madonna von Stalingrad

Gemalte Sehnsucht und Verzweiflung

Da läuft es dem Betrachter eiskalt den Rücken herunter, erst recht, wenn er die Geschichte dazu kennt. – Welch ein Bild! Welch eine Verzweiflung! Welch eine Sehnsucht nach allem, was es an jenem Ort und zu jener Zeit nicht gab! Die »Madonna von Stalingrad«. Mit Kohle auf die Rückseite einer russischen Landkarte gezeichnet. Eine Mutter mit ihrem Kind, umhüllt von einem Tuch, einer Decke, einem Mantel. Am Rand ein paar Worte, eine Jahreszahl: »1942. Weihnachten im Kessel. Licht, Leben, Liebe. Festung Stalingrad.« Daneben eine kleinere Zeichnung, fast das gleiche Motiv. Die »Gefangenen-Madonna«. Auch hier ist der Bildrand beschriftet: »Weihnacht 1943. Leben, Liebe, Licht.« Einen Monat später war der Zeichner dieser beiden Bilder tot. Gestorben an Typhus im russischen Kriegsgefangenenlager Jelabuga. Er wurde keine 38 Jahre alt. Es war der in Kassel geborene und aufgewachsene Pfarrer und Arzt Kurt Reuber. Die Auferstehungskirche in Kassel, in der diese beiden Motive hängen, war seine Tauf-, Konfirmations- und Traukirche.

Dr. Kurt Reuber war seit November 1942 Lazarettarzt in Stalingrad gewesen. Zum Jahreswechsel 1942/1943 waren dort über 200.000 deutsche Soldaten eingekesselt. Etwa die Hälfte davon starb, die andere Hälfte wurde gefangen genommen. Von über 100.000 Kriegsgefangenen kehrten nur 6.000 in die Heimat zurück. Insgesamt fielen in Stalingrad über 700.000 Menschen.

Das Original der »Madonna von Stalingrad« befindet sich in der Gedächtniskirche in Berlin, davor steht als Zeichen der Versöhnung eine geschnitzte russische Madonnenikone, ein Geschenk des Erzbischofs von Wolgograd (früher: Stalingrad). Eine Kopie befindet sich außerdem in der russisch-orthodoxen Kathedrale von Wolgograd. Die Botschaft, die von diesem Bild ausgeht, kann nur lauten: Nie wieder Krieg!

Adresse Philippus-Kirchengemeinde, Auferstehungskirche, Mombachstraße 24, 34127 Kassel-Nord-Holland | **ÖPNV** Tram 1, 5, RT 3, RT 4, Haltestelle Halitplatz | **Öffnungszeiten** zu den Gottesdienstzeiten; meist ist werktags 11–14 Uhr die Küsterin da, einfach am Seiteneingang klingeln und freundlich fragen | **Tipp** Kassels parkartiger Hauptfriedhof befindet sich gleich nebenan; regelmäßig werden vogelkundliche oder dendrologische Führungen angeboten; Infos am Eingang am Halitplatz oder auf www.friedhofsverwaltung-kassel.de.

63 _ Der Magazinhof
Denkmal oder Schandfleck?

Putz ist abgeplatzt, Fenster sind eingeschlagen, Birkenschösslinge sprießen aus den Dächern; Gras wächst zwischen Gleisen, Pflastersteinen und auf Rampen. Die drei mächtigen Magazine direkt neben der Bahnlinie Kassel–Fulda liegen brach, sie verfallen zusehends, wirken düster, bedrohlich fast. Schönheiten sind diese Gebäude also nicht. Jedenfalls nicht in ihrem derzeitigen Zustand. Nichtsdestotrotz stehen sie unter Denkmalschutz, aus »architektur-, militär- und lokalgeschichtlichen Gründen«, da Militärarchitektur des Dritten Reiches nur noch selten vollständig erhalten ist.

Die Rede ist vom sogenannten Magazinhof, Lagerhäusern einer ehemaligen militärischen Anlage, im Volksmund kurz »Nazikaserne« genannt. Bemerkenswert die Giebelwand des ersten, vorderen Magazins. Dort wird in einer Art Wandrelief (einem Sgraffito) in typischer nationalsozialistischer Bild- und Formensprache die Blut-und-Boden-Ideologie der Nazis verherrlicht: Zwei Ochsen unter einem Joch ziehen einen schweren Karren. Ein blonder Hüne wetzt mit einem Schleifstein seine Sense, zwei andere mähen den Weizen. Blonde Frauen arbeiten mit Sicheln. Blonde Kinder spielen zwischen Garben. Was ein drohend dreinblickender Mann mit einer Keule im unteren Bildteil zu suchen hat, erschließt sich dem Betrachter nicht. Will er die Gruppe beschützen? Oder soll die Keule ein Dreschflegel sein? Eine weitere Gestalt scheint zu säen. Alles in allem ein Abbild einer idealisierten, bäuerlichen Lebenswelt mitten in der Stadt. »Im Kriegsjahr 1940 – Rudolf Ehalt« verrät uns eine Signatur.

1940 also wurde der Magazinhof – oder das Ersatzverpflegungsmagazin, wie es damals hieß – fertiggestellt, und zwar, um Lebensmittel und Getreide für die Wehrmacht einzulagern. Nach dem Krieg wurden die Magazine bis 1994 von der Bundeswehr als Bekleidungskammer genutzt. Seitdem stehen sie leer; möglicherweise nicht mehr lange.

Adresse Leuschnerstraße/Ecke Glöcknerpfad, 34134 Kassel-Niederzwehren | **ÖPNV** Tram 4, 7, Haltestelle Helleböhn; Bus 24, Haltestelle Magazinhof | **Öffnungszeiten** nur von außen zu besichtigen | **Tipp** Von Bikern für Biker: der »Dirt Park« in der Sophie-Scholl-Straße (jenseits der ICE-Bahnlinie nach links gehen) – »Pump Tracks«, »Dirtjumps«, »Table Lines«, »Double Lines« für Kids, Anfänger, Fortgeschrittene und Profis.

64 Der Mann im Turm
Eingriff in die Freiheit der documenta?

Als einen »Eingriff in die Freiheit der documenta« wurde Stephan Balkenhols »Mann im Turm« von den documenta-13-Machern kritisiert. Die künstlerische Leiterin, die Amerikanerin Carolyn Christov-Bakargiev, fühlte sich von dieser Figur sogar »bedroht«. Im Gegenzug wurde von Zensur gesprochen. Kurz und gut: Es gab reichlich Ärger im Vorfeld der documenta 2012, weil die katholische Sankt-Elisabeth-Gemeinde zeitgleich eine Ausstellung mit Skulpturen des zeitgenössischen Bildhauers Stephan Balkenhol anberaumte. Und das gewissermaßen auf dem heiligen Rasen der documenta, dem Friedrichsplatz, direkt gegenüber der beiden zentralen documenta-Ausstellungsorte Fridericianum und documenta-Halle!

Worum ging es genau? Um eine in den Kirchturm von St. Elisabeth integrierte Figur eines Mannes, die mit seitlich ausgebreiteten Armen wie ein Kreuz auf einer vergoldeten Kugel balanciert und sich dabei im Wind dreht; und um weitere Balkenhol-Plastiken in der Kirche und auf dem Kirchengelände. Den Besuchern war der Zwist ziemlich egal; sie unterschieden nicht zwischen documenta-Kunst und Nicht-documenta-Kunst und strömten auch in die Kirche. Ganz wie von Christov-Bakargiev befürchtet.

Nun ist Stephan Balkenhol nicht irgendwer: Er gehört zur ersten Garde der zeitgenössischen deutschen Bildhauer. Sein Markenzeichen sind grob behauene, seltsam ins Leere blickende menschliche Skulpturen. Balkenhol studierte 1976 bis 1982 bei Ulrich Rückriem an der Hochschule für Bildende Künste in Hamburg, war 1983 Karl-Schmidt-Rottluff-Stipendiat, war Lehrer an der Städelschule in Frankfurt und ist seit 1992 Professor an der Akademie der Bildenden Künste in Karlsruhe. Er lebt und arbeitet in Karlsruhe, Kassel, Berlin und in Meisenthal in Lothringen. Den »Mann im Turm« hat Balkenhol der Kirchengemeinde geschenkt, deshalb steht er bis heute dort oben.

Adresse Friedrichsplatz 13, 34117 Kassel-Mitte | **ÖPNV** Tram 1, 3, 4, 5, 6, 8, RT 3, RT 4, Haltestelle Friedrichsplatz; Bus 16, Haltestelle Steinweg | **Öffnungszeiten** jederzeit von außen zu sehen | **Tipp** Wie ein überdimensionierter Dia-Rahmen aus Metall wirkt das documenta-6-Kunstwerk »Rahmenbau« des Wiener Künstlerkollektivs »Haus-Rucker-Co« aus dem Jahr 1977 direkt neben der documenta-Halle.

65 Marivos
Die Drei von der Tankstelle

Es waren einmal zwei Brüder aus Kassel und ihr bester Freund. Ihnen gemeinsam war, dass sie gern essen gingen und am allerliebsten Burger. In Kassel beschränkte sich dieses Angebot allerdings lange auf die beiden allseits bekannten Fast-Food-Ketten. Das kannten sie besser! Viel besser! Aus größeren Städten wie Köln oder Berlin zum Beispiel. Und wer einmal einen Burger aus frischem Rindfleisch auf einem frisch gebackenen und gerösteten Brötchen mit selbst zubereiteten Saucen und Toppings gegessen hat, will die üblichen Tiefkühlteile einfach nicht mehr in den Mund nehmen.

Freunde blieben bei der Umsetzung in die Tat weiterhin wichtig. Ein befreundeter Tischler sorgte für den Innenausbau einer ehemaligen Tankstelle in der Kohlenstraße; und ein befreundeter Sprayer kümmerte sich um die kreative Außen- und Innengestaltung. Ein Freund aus Berlin schließlich beriet in Sachen Speisenauswahl, Namensgebung und Zutaten.

Originell ist nicht nur die Location, eine originale 1950er-Jahre-Tankstelle nebst Notrufsäule. Kreativ sind auch die Namen der Burger wie zum Beispiel »Blade Runner«, »Knuspervogel« oder »Jack Bacon«. Die vegetarischen oder veganen Varianten hören dagegen auf »Feta aus Kreta«, »Schneeröckchen Haferflöckchen« oder »Prinzessin auf der Kichererbse«. Die Herkules-, Hummus-, Soja-Sesam-Joghurt-oder-wie-auch-immer-sie-alle-heißen-Saucen werden ohne künstliche Zusatzstoffe oder Geschmacksverstärker selbst zubereitet. Die Toppings wie Jalapeños, Grillgemüse oder karamellisierte Zwiebeln ebenso. Das Hackfleisch wird täglich frisch vom Metzger des Vertrauens geliefert und stammt aus nachhaltiger, regionaler Produktion. Und die Brötchen schließlich werden eigens für Marivos gebacken. Nicht fehlen darf natürlich eine nordhessische Variante der »Körriworscht«. Und unbedingt probieren: die einzigartigen, lecker gewürzten Süßkartoffel-Pommes! Ein Hochgenuss!

Adresse Kohlenstraße 128, 34121 Kassel-Wehlheiden | **ÖPNV** Bus 12, 25, 27, Haltestelle Virchowstraße | **Öffnungszeiten** Mo – Fr ab 11.30 Uhr, Sa, So ab 13 Uhr | **Tipp** Wer wirklich gutes Handwerkszeug oder Gartengerät benötigt, der gehe zu »Icke«, einem Fachhandel für Handwerk, Landwirtschaft und Garten gleich gegenüber; Hufeisen gibt es dort auch.

66 Die Markthalle

Im Reich der »Schmeggewöhlerchen«

Auf ins Reich der Schmeggewöhlerchen! So nennen alte Kasseläner besondere Leckereien, die es nur in dieser Gegend gibt. – Welche dazugehören? Die Kasseler Griene Soße (Grüne Soße), die im Gegensatz zum Frankfurter Pendant heller ist, weil die Kräuter fein gewiegt werden anstatt schnell gemixt. Die Ahle Wurscht vom Dorfe (siehe Seite 228) oder die Musdenwecke, das sind mit reichlich Schweinehack belegte Brötchen, die auf Wunsch in eine Schale mit gehackten Zwiebeln gedrückt werden – besser, man hat danach kein Rendezvous mehr!

Speckkuchen versteht jeder; in Nordhessen ist allerdings Brotteig die Grundlage. Sulperknochen sind gekochte Knochen mit reichlich Fleischresten dran. Und zu guter Letzt: Weckewerk, ein Gemisch aus Schwarten, Hackfleisch und altbackenen Brötchen, fein durch den Fleischwolf gedreht und kross angebraten – das schmeckt lecker, ist aber wirklich nicht jedermanns Sache; und danach braucht man garantiert einen Schnaps.

Keine Angst, ihr Vegetarier und Veganer! Obst und Gemüse gibt es natürlich auch. Viele Waren sind bio oder kommen direkt vom Bauern aus dem Umland. Man kann alles probieren und sich verführen lassen. Tipps und Rezepte gibt es gratis dazu. – Die Markthalle ist jedoch weit mehr: Man trifft sich hier auf eine Tasse Kaffee am Samstagmorgen oder auf ein, zwei Gläser Wein.

Seit den 1960er Jahren befindet sich der Markt im ehemaligen Marstall (Pferdestall) und Raritätenkabinett des Landgrafen Wilhelm IV. Das Gebäude wurde gegen Ende des 16. Jahrhunderts im Stil der Weserrenaissance errichtet; man beachte die wunderschönen Giebel! Im Zweiten Weltkrieg wurde es wie so viele andere historische Bauwerke Kassels fast völlig zerstört. Als eines der wenigen wurde es danach einigermaßen originalgetreu wieder aufgebaut. Hier befindet man sich also im ältesten Teil Kassels – in seinem bunten Bauch.

Adresse Wildemannsgasse 1, 34117 Kassel-Mitte (Hauptzugang vom Graben; weitere Zugänge vom Marställer Platz/Tränkepforte und von Die Freiheit) | **ÖPNV** Tram 3, 4, 6, 7, 8, RT 3, RT 4, Bus 14, 15, 16, 17, 18, 19, Haltestelle Altmarkt/Regierungspräsidium (oder zu Fuß ab Königsplatz in 5 Minuten) | **Öffnungszeiten** Do, Fr 7–18 Uhr, Sa 7–14 Uhr | **Tipp** Der Zissel-Brunnen am Altmarkt/Ecke Die Freiheit von Heinrich Cornelius erinnert an die beiden Kasseler Originale »Ephesus und Kupille« und an das jährlich Ende Juli/Anfang August entlang der Fulda stattfindende Volksfest »Zissel« und sein Wahrzeichen: den (mundartlich) Zisselhäring.

67__Das Marmorbad

Ein barockes Wunder!

Ein Bad wie dieses gab und gibt es kein zweites Mal! Nicht einmal in der Kapitale des Barock, in Rom, hat man je so etwas gesehen. Man darf das Marmorbad getrost als ein barockes Wunder bezeichnen! Allein: Gebadet wurde nie in diesem Raum, aber das ist vielleicht auch nebensächlich. Dem Landgrafen diente er vielmehr zum Bad in der Bewunderung, ja, Fassungslosigkeit derer, die in den Genuss kamen, es besichtigen zu dürfen; selbst der englische König Georg II. wurde blass vor – sagen wir: Anerkennung, als er es sah.

Viele gehen achtlos vorüber an diesem vergleichsweise kleinen Gebäude am Westende der Orangerie. Ein Fehler! Besichtigen Sie es! Unbedingt! Lassen Sie sich jedes Detail erläutern, jede Allegorie, jede Statue, jedes Relief. Alle erzählen Geschichten aus der griechischen und römischen Mythologie. Alle loben die Macht und Herrlichkeit ihres absolutistischen Erbauers, des Landgrafen Karl. Derselbe, der die Karlsaue hat anlegen lassen, der die barocken Wasserspiele inszenierte und den Herkules errichten ließ.

Allein die verschiedenfarbigen, polierten Platten des Bodens und der Wandvertäfelungen verdienen Erwähnung. Aber mehr noch die acht großen Reliefs aus feinstem Carraramarmor: Da entführt Jupiter die Königstochter Europa, da verfolgt Apoll Daphne, die sich in Lorbeer verwandelt, da schaut man Diana beim Bade zu, um nur drei zu nennen. Und erst die virtuosen Statuen: zum Beispiel der kraftvolle Faun oder der weinumkränzte Bacchus, der Merkur mit Cupido oder Leda mit dem Schwan – bis hin zum Schönsten aller Schönen: Narziss.

Und so viel Narzissmus musste sein: Der Landgraf hat natürlich auch sich und seine Frau verewigen lassen. Pierre Etienne Monnot, ein französischer Bildhauer, der lange Jahre auch in Rom wirkte, schuf dieses Kleinod zwischen 1722 und 1728. Seine exorbitante Rechnung soll Landgraf Karl übrigens zerknüllt und in den Kamin geworfen haben.

Adresse An der Karlsaue 20 (Orangerie), 34121 Kassel-Süd | **ÖPNV** Bus 16, Haltestelle Orangerie | **Öffnungszeiten** April–3. Okt. Di–So 10–17 Uhr | **Tipp** Auf der Wiese bei der gegenüberliegenden Gustav-Mahler-Treppe (die hinauf zum Friedrichsplatz führt) steht das documenta-13-Kunstwerk »Idee di Piedra« von Guiseppe Penone: eine neun Meter hohe Bronzeplastik mit einem Stein im Geäst, von den Kasselern liebevoll »Penone-Baum« genannt.

68_Das Mausoleum Lenoir
Erinnerung an einen Menschenfreund

Merkwürdige Kuppeln verstecken sich da zwischen Bäumen und Gestrüpp, wenn man auf der B 7 zwischen Kassel und Eschwege unterwegs ist. Es lohnt sich, den Weg durch ein Wäldchen zu einem kleinen Teich zu suchen. Auf einer Anhöhe dahinter findet sich eine durchaus veritable Anlage, eine Grabstätte fast wie der Eingang zu einem Palais, ein Mausoleum. Es liegt kurz hinter dem Dörfchen Fürstenhagen bei Hessisch Lichtenau. – Ist das noch Kassel? Nein. Und doch: Das Gelände ist eine von zwei Exklaven der Stadt (die andere ist das Gut Kragenhof auf einer Fuldaschleife nördlich von Kassel).

Der Mensch, der dieses Mausoleum im Jahre 1903 hat errichten lassen, muss reich gewesen sein. Sehr reich! Es war der Chemiker und Physiker George André Lenoir, ein 1825 in Kassel geborener und 1909 in Meran verstorbener Nachfahre hugenottischer Einwanderer. Lenoir machte sein Vermögen mit dem Bau von wissenschaftlichen Instrumenten und dem Handel mit Lehrmitteln für Chemie und Physik. 1878 erwarb er das Heilbad Sliac in der heutigen Slowakei. Auch in Wien hatte er Besitz, und im Südtiroler Städtchen Meran gehörte ihm der »Meraner Hof«.

Ohne eigene Nachkommen und im Bewusstsein, nichts von dieser Erde mitnehmen zu können, stiftete dieser Menschenfreund Ende des 19. Jahrhunderts fast sein gesamtes Vermögen seiner Vaterstadt Kassel mit der Maßgabe, es ausschließlich Waisenkindern zukommen zu lassen. Anders als in vergleichbaren Einrichtungen der damaligen Zeit sollten die Kinder ganz im Sinne Pestalozzis in kleinen, familienähnlichen Gruppen aufwachsen. In der Nähe von Fürstenhagen erwarb er zu diesem Zweck zunächst das Gut Teichhof. In unmittelbarer Nähe wurden Anfang des 20. Jahrhunderts drei große Waisenhäuser errichtet. Nach zwei Weltkriegen und zwei Währungsreformen ist vom Stiftungskapital nur noch das Mausoleum geblieben – als Erinnerung an einen Menschenfreund.

Adresse 37235 (Hessisch Lichtenau)-Fürstenhagen | **ÖPNV** Tram 4, Haltestelle Fürstenhagen oder Orthopädische Klinik (circa 45 Minuten Fahrzeit und 15 Minuten Fußweg) | **Öffnungszeiten** April–Sept. So 10–16 Uhr, von außen immer zu besichtigen | **Tipp** In südwestlicher Richtung verfallen ganz in der Nähe die drei riesigen Waisenhäuser, die George André Lenoir hat errichten lassen; in östlicher Richtung befindet sich das Gut Teichhof.

69 __ Der Meeressand
Wie kommt die Muschel auf den Berg?

Die Bergleute des Tierreichs – die Maulwürfe – schaufeln es an den Tag. Im Bergpark findet sich in ihren Hügeln Merkwürdiges, wenn man nur ein bisschen genauer danach schaut: Bruchstücke von Muschelschalen. Außerdem sind die Haufen oft ganz sandig und hell, nicht wie sonst lehmig braun.

Vor Jahrhunderten schon zerbrachen sich Geistesgrößen wie Leibniz, Goethe oder Humboldt darüber den Kopf, wie die Muscheln auf den Berg gekommen sein könnten. Sie alle haben den Weißenstein besucht, die Gegend am östlichen Abhang des Habichtswaldes, haben Sand gefunden und Muschelschalen. Und sie kamen auf höchst unterschiedliche Erklärungen: sei es die biblische Sintflut, sei es eine Laune der Natur, seien es mysteriöse, unterirdische Wasserläufe vom Meer her. Heute wissen wir: Das Kasseler Becken hat sich mindestens zweimal stark gesenkt und wurde vom damaligen Nordmeer überflutet: zuletzt vor etwa 23 Millionen Jahren. Im Meeressand lebten Muscheln, und in den Fluten schwammen Seekühe und Haie. Wissenschaftler nennen dieses Erdzeitalter sogar Chattium – nach dem Fundort des fossilienreichen Sandes und nach dem germanischen Stamm der Chatten, der »Vorfahren« der Hessen.

Schlappe zehn Millionen Jahre später war das Bild ein gänzlich anderes: Vulkane spuckten Asche und Rauch in den nordhessischen Himmel, woraus in der Folge Tuffstein entstand; aus der Erde quoll Magma und erstarrte zu Basalt. Aus diesem Tuffstein bestehen heute zahlreiche Bauwerke im Bergpark Wilhelmshöhe.

Und wo findet man den Kasseler Meeressand? An vielen Stellen im Habichtswald, zum Beispiel am Fuß und etwas nördlich des »Neuen Wasserfalls« im Bergpark Wilhelmshöhe oder im oberen Ahnatal. Ein wichtiger Hinweis! Fossilien fallen unter das Denkmalrecht, das heißt für uns: nur gucken, nicht anfassen! Nur Maulwürfe dürfen hier ohne Genehmigung schürfen.

Adresse Bergpark Wilhelmshöhe, etwa unterhalb und nördlich des Neuen Wasserfalls, 34131 Kassel-Bad Wilhelmshöhe | **ÖPNV** Tram 1, Haltestelle Wilhelmshöhe (Park) | **Öffnungszeiten** immer zugänglich | **Tipp** Der Neue Wasserfall wird seit den 1930er Jahren nicht mehr bespielt, weil im Sand zu viel Wasser versickerte. An seinem oberen Ende kann man an einem Tisch und einer Bank aus Felsen picknicken; und von dort ist der Weg nicht weit zum schönen Merkur-Tempelchen (am besten mit Parkplan zu finden).

70 Die Menagerie des Landgrafen Carl

Ein Gemälde ohne Mops ist möglich, aber sinnlos

Wenn von der Gemäldegalerie »Alte Meister« im Schloss Wilhelmshöhe die Rede ist, dann schwärmen Kunstfreunde von Rembrandt van Rijn, der mit einem Dutzend Bilder in Kassel vertreten ist (nirgendwo in Deutschland findet man mehr an einem Ort!). Oder von Brueghel, Cranach, Dürer, Jordaens, Raffael, Rubens oder Tischbein. Weniger bekannt sind der Tiermaler Johann Melchior Roos und sein Werk »Die Menagerie des Landgrafen Carl«. Dabei hat Roos 1723 bis 1729 ein beeindruckendes Werk geschaffen, und das nicht nur wegen seiner schieren Größe von 6,65 mal 3,40 Metern. Über fünf Jahre arbeitete der Künstler daran – auch, weil er »in drei Jahren keinen Strich getan« hat.

Was ist eine Menagerie? Eine Art höfische Tierhaltung, ein Vorläufer unserer Zoologischen Gärten. Und in diesem prall gefüllten paradiesischen Panoptikum sind alle friedlich vereint: der König der Tiere, der Löwe, in der Mitte – Symbol für den Landgrafen selbst –, umgeben von Leoparden, diversen Affen, zahlreichen Vögeln, Eisbär und Trampeltier, Stachelschwein und Nasenbär; über 70 exotische Exemplare aus aller Welt von der Arktis bis nach Afrika haben sich hier versammelt – und ein Mops! Holländische Kaufleute brachten diesen chinesischen Palasthund im 16. Jahrhundert nach Europa. Das Haus Oranien erkor den Mops zum Maskottchen, seit ein solcher Hund einen protestantischen Prinzen vor einem Angriff aus der katholischen Spanischen Südniederlande gewarnt haben soll. Landgraf Moritz von Hessen-Kassel ließ sich bereits 1618 mit einem Mops malen. Seitdem war er in Kassel ein beliebter Landgrafenhof-Hund.

Wenn Sie vor Ort sind, schauen Sie einmal genau hin: In der linken unteren Hälfte des Bildes sitzt tatsächlich ein Affe, der äußerst interessiert etwas betrachtet ... sehr obszön – eine Provokation!

Adresse Gemäldegalerie Alte Meister, Schlosspark Wilhelmshöhe, 34131 Kassel-Bad Wilhelmshöhe | **ÖPNV** Tram 1, Haltestelle Wilhelmshöhe (Park), Fußweg circa 10–15 Minuten | **Öffnungszeiten** Di–So 10–17 Uhr, Mi 10–20 Uhr | **Tipp** Durch die mittleren Fenster des ersten Obergeschosses der Gemäldegalerie hat man den besten Blick entlang der ehemals barocken Achse hinauf zum Herkules und hinunter, entlang der Wilhelmshöher Allee, auf die Stadt Kassel.

71 Der Messinghof
Im Kreißsaal des Herkules

Hier im Messinghof ist er aus Feuer geboren, der Herkules, Kassels Wahrzeichen. In den Jahren 1714 bis 1717 hat ihn der Augsburger Goldschmied Johann Jacob Anthoni aus wenige Millimeter dünnem Kupferblech getrieben. Die mindestens 22 Teile der über acht Meter hohen Statue werden bis heute von einer Eisenkonstruktion im Inneren getragen. Mithin war der Herkules eine der ersten Leichtbaufiguren. Und er war in seiner Machart Vorbild für das Hermannsdenkmal im Teutoburger Wald und die etwa 170 Jahre später entstandene Freiheitsstatue in New York. Kupferrot dürfte er zu seiner Geburtsstunde noch geglänzt haben, bevor er im Lauf der Jahre immer grüner wurde hinter den Ohren – und nicht nur dort.

Landgraf Karl ließ den Messinghof 1679 auf dem Gelände der ehemaligen Forstmühle am Flüsschen Losse in Bettenhausen errichten. Im Gießereiflügel, in dem das Erz geschmolzen und gegossen wurde, sind noch die eindrucksvolle, 14 Meter hohe, gemauerte Esse und ein Schmelzofen zu sehen. Der sogenannte »Hammerflügel« existiert leider nicht mehr. Einen originalen Kupferhammer aus dem Messinghof kann man im Astronomisch-Physikalischen Kabinett besichtigen. Das verarbeitete Kupfer kam aus hessischen Bergwerken. Das Mineral Galmei, aus dem das Zink stammt, das für die Herstellung von Messing notwendig ist, musste aus Schlesien oder dem Sauerland bezogen werden.

Bis zum Zweiten Weltkrieg war der Messinghof noch in Betrieb. Zwischen Ende der 1970er Jahre und 1996 wurden die leer stehenden Gebäude zeitweise von Künstlern genutzt und von Studenten besetzt. Heute ist der Gebäudekomplex mit den auffälligen Giebeln im Stil der Weserrenaissance in Privatbesitz. Derzeit wird er umfassend saniert und ist nur von außen zu besichtigen; Tor- und Kutscherhaus sind bereits renoviert. Ein Schmelzofen wird von Herrn Gronau und dem Verein Herkulesschmiede Messinghof in liebevoller Handarbeit restauriert.

Adresse Leipziger Straße 291, 34123 Kassel-Bettenhausen | **ÖPNV** Tram 4, 8, Haltestelle Forstfeldstraße | **Öffnungszeiten** nur von außen zu besichtigen | **Tipp** Als Erinnerung an den Geburtsort des Herkules steht in Bettenhausen eine kleine Herkulesfigur an der Straßenbahnhaltestelle Leipziger Platz (stadteinwärts).

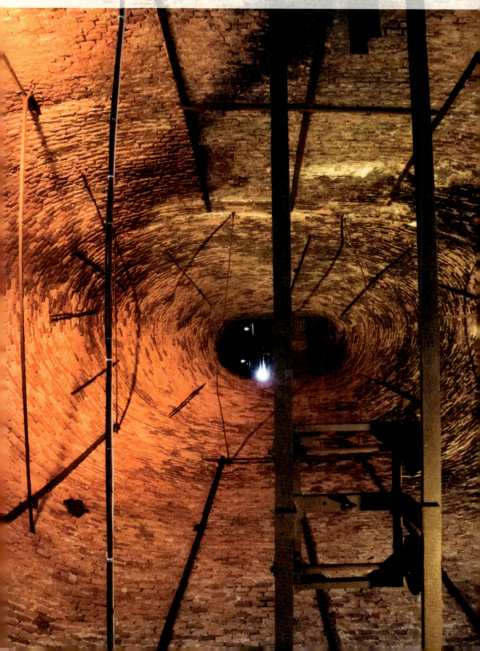

72 Die Mevlana-Moschee
Das blaue Wunder

Sie steht hier als Zeichen für religiöse Vielfalt und Toleranz in dieser Stadt: die Mevlana-Moschee (türkisch: Mevlana Camii) in Kassel-Oberzwehren mit ihrer eindrucksvollen Kuppel und ihrem über 30 Meter hohen Minarett. Und eines muss man diesem Gotteshaus lassen: Es ist wunderschön, von innen mehr noch als von außen. Wer tagsüber außerhalb der Gebetszeiten (die bis auf das Freitagsgebet ohnehin meist nur 10 bis 15 Minuten dauern) vorbeischaut, freundlich um Erlaubnis fragt und bereit ist, seine Straßenschuhe im Vorraum zu deponieren, dem wird in der Regel erlaubt, das heilige Innere zu betreten. Nur Mut! Die Türkisch-Islamische Gemeinde zu Kassel-Mattenberg ist eine sehr offene, aufgeschlossene und gesprächsbereite Gemeinschaft sunnitischer Gläubiger, die sich sehr um den interreligiösen Dialog bemüht.

Einem Nichtmuslim fallen als Allererstes die weichen Teppiche auf, über die man geradezu hereinschwebt. Und welch ein Raum tut sich dann dem Besucher auf! Ein lichtdurchfluteter, von einer zwölf Meter messenden Kuppel überwölbter Gebetsraum, in dem die Farben Weiß und Blau dominieren. Die Wände und Nischen sind teils mit Fliesen geschmückt, teils mit wunderschönen arabischen oder geometrischen Ornamenten kunstvoll bemalt. Von der mit arabischer Kalligrafie verzierten Kuppel hängt ein Kronleuchter herab, der zu den größten und schönsten Kassels zählen dürfte.

Wäre noch der Name zu klären: Mevlana Dschalal ad-Din ar-Rumi (1207–1273) – kurz: Rumi – war ein berühmter persischer Sufi-Mystiker, Derwisch und Dichter, wobei Mevlana nichts anderes als Lehrer, Herr oder Meister bedeutet. Von Rumi stammen zum Beispiel so wunderbare Verse wie:

»Glaubst Du, ich weiß, was ich tue? Dass ich einen Atemzug lang oder einen halben mir selber angehöre? Nicht mehr, als eine Feder weiß, was sie schreibt, oder der Ball vermuten kann, wohin er gleich fliegt.«

Adresse Mattenbergstraße 64–66, 34132 Kassel-Oberzwehren | **ÖPNV** Tram 4, Haltestelle Mattenberg | **Öffnungszeiten** von außen immer zu besichtigen, außerhalb der Gebetszeiten für Interessierte auf Anfrage offen oder am »Tag der offenen Moschee«, jeweils am 3. Okt. | **Tipp** Original schlesische (und polnische) Spezialitäten gibt es in der Altenbaunaer Straße 104, Mo–Fr 8–18 Uhr, Sa 8–16 Uhr.

73 Das mobile Fachwerkhaus
Vom Marställer Platz 7 in die Ahnatalstraße 59

Es ist das einzige Fachwerkhaus der Altstadt Kassels, das die Bombardierung am 22. Oktober 1943 und den damit einhergehenden Feuersturm überstanden hat. Warum? Weil es zu diesem Zeitpunkt schon seit über 40 Jahren nicht mehr an seinem Platz in der Innenstadt stand, sondern im etwa sechs Kilometer entfernten Stadtteil Harleshausen. – Wie kann das sein? Das Gebäude wurde transloziert, sprich: Es wurde abgebaut, in seine Einzelteile zerlegt, transferiert und an anderer Stelle wieder aufgebaut.

So geschehen im Jahre 1902: Das Fachwerkhaus am Marställer Platz 7 (direkt neben der heutigen Markthalle, dem ehemaligen Marstall des Landgrafen) musste der Verbreiterung einer Gasse weichen, der Tränkepforte am Entenanger. Ein Zimmermeister namens Heinrich Schwalm baute es ab und in der Ahnatalstraße 59 wieder auf. – Nicht ganz originalgetreu: Der Eingang wurde aus der Mitte des Hauses nach rechts versetzt, die Fassade zieren nur noch fünf statt der ursprünglich sieben Fenster nebeneinander, zwei kleinere Dachgauben wurden ergänzt, und ein Stockwerk eingespart. Woher man das alles so genau weiß? Es gibt ein Aquarell aus dem Jahre 1844 von Ludwig Emil Grimm, dem Malerbruder der weitaus berühmteren Brüder Jacob und Wilhelm Grimm, auf dem das Renaissance-Gebäude am Marställer Platz originalgetreu abgebildet ist.

Wer durch die Ahnatalstraße geht oder fährt, dem fällt sofort dieses hübsch anzusehende Fachwerkhaus auf, das so überhaupt nicht in das Straßenbild passen will. Etwa um das Jahr 1570 soll es erbaut worden sein und sich im Besitz des Landgrafen befunden haben. Bis kurz vor seinem Umzug diente es als Schänke. Heute leben in diesem ältesten bewohnten Fachwerkhaus der Stadt die Nachfahren des Zimmermanns, der das Kunststück fertigbrachte, dieses Haus zu translozieren. Ein nochmaliger Umzug der »mobilen Immobilie« ist nicht beabsichtigt.

Adresse Ahnatalstraße 59, 34128 Kassel-Harleshausen | **ÖPNV** Bus 18, 24, Haltestelle Wilhelmshöher Weg; Bus 10, 18, 19, 24, 41 Haltestelle Ahnatalstraße | **Öffnungszeiten** nur von außen zu besichtigen | **Tipp** Die Katholische Pfarrkirche Herz Mariä im typischen 1950er-Jahre-Stil in der Ahnatalstraße 29 steht unter Denkmalschutz; bemerkenswert das helle, hohe Innere, die geschwungenen Linien und die Kreuzwegskulpturen (1993) der Künstlerin Erika Maria Wiegand.

74_Das Museum für Sepulkralkultur
Nur keine Berührungsängste!

Das sind Themen, mit denen man sich nicht so gern auseinandersetzt: Sterben, Tod, Begräbnis, Trauer. Viele Menschen machen einen großen Bogen um diese ehemalige Remise der Familie Henschel auf dem Weinberg und ihren gelungenen, modernen Anbau aus Stahl, Glas, Beton und Holz. Das Museum für Sepulkralkultur in Kassel ist das einzige Museum in Deutschland, das es wagt, seine Besucher mit der Endlichkeit ihrer eigenen Existenz zu konfrontieren. Und das tut es auf eine sehr behutsame Weise!

Was kann man sehen, was lernen? Zum Beispiel werden Bestattungsriten verschiedener Religionen und Kulturen in Deutschland gezeigt: buddhistische, islamische, christliche, jüdische, chinesische, hinduistische, zoroastrische, konfessionslose, um einmal einige zu nennen. Und wer hätte gedacht, wie bunt zum Beispiel ein ghanaischer Sarg sein kann, der zudem die Form und Gestalt eines Hahnes hat? Oder wie lebhaft ein mexikanisches Totenfest ist? Herzhaft lachen darf man in diesem Museum auch, zum Beispiel über diesen Satz des documenta-Künstlers Timm Ulrichs: »Denken Sie immer daran, mich zu vergessen!« Oder über den frühen Walt-Disney-Zeichentrickfilm »The Skeleton Dance«. Ganz nebenbei genießt man von hier oben einen ausgezeichneten Blick auf die Karlsaue.

Natürlich gibt es auch ernsthaftere Bereiche: letzte Hemden, Totentänze, Sensenmänner, Stundengläser; und noch weiter reicht das Spektrum der Sepulkralkultur, von kunstvoll bemalten Särgen und Totenschädeln bis hin zu Trauerschmuck und Leichenwagen. Schön schrecklich – oder: schrecklich schön, ganz wie man will. Eines ist klar nach einem Besuch im Museum für Sepulkralkultur: Es ist bereichernd, sich mit diesen »letzten Themen« zu befassen. »Leben Sie wohl!«, verabschiedet das Museum seine Gäste auf seiner Ausgangstür. In diesem Sinne …

Adresse Weinbergstraße 25–27, 34117 Kassel-Mitte | **ÖPNV** Tram 1, 3, 4, 5, 6, 8, RT 3, RT 4, Haltestelle Rathaus | **Öffnungszeiten** Di, Do–So 10–17 Uhr, Mi 10–20 Uhr | **Tipp** Eine feine Adresse für ein gediegenes Kaffeekränzchen oder ein gepflegtes Abendessen ist das »Humboldt 1A« in der ehemaligen Direktorenvilla des Wilhelmsgymnasiums. Wo? Natürlich Humboldtstraße 1a.

75 Die Neue Mühle

Gar nicht so neu

Es werde Licht! Und es ward Licht. – Die Rede ist von elektrischem Licht. Am 15. Mai 1891 ist es endlich so weit. Vier Turbinen wandeln in der Neuen Mühle die Wasserkraft der Fulda in elektrischen Strom um. Erstmals leuchten in Kassel 3.000 Glühlampen elektrisch. Nicht, dass es vorher dunkel gewesen wäre in dieser Stadt; Gaslaternen erhellten bis dahin ihre Straßen und Plätze. Der Wasserkraftpionier Oskar von Miller konzipierte das kombinierte Wasser- und Elektrizitätswerk; kein Geringerer als der spätere Begründer des Deutschen Museums in München. Doch zurück zur Neuen Mühle. Ein Jahr später, 1892, werden zusätzlich drei mächtige Pumpen in Betrieb genommen. Diese drücken in jeder Stunde 300 Kubikmeter (sprich: Tonnen!) Trinkwasser aus den Tiefbrunnen der benachbarten Giesewiesen in einen Hochbehälter auf dem Kratzenberg mitten in der Stadt. Das Elektrizitätswerk wird bereits gut zehn Jahre später (1902) durch effektivere Dampfturbinen abgelöst. Die Wasserturbinen und die Wasserpumpen arbeiten noch bis 1972. Und im Zeichen der Energiekrise wird noch einmal von 1973 bis 1987 elektrischer Strom erzeugt.

Mühlen waren die Kraftwerke des Mittelalters. Die Neue Mühle wurde erstmals bereits im Jahre 1443 erwähnt. Sie war eine Bannmühle, die Bauern der Umgebung waren also verpflichtet, genau hier ihr Getreide abzuliefern. Im Jahre 1721 ließ Landgraf Karl die Anlage erweitern und eine Schleuse bauen, um die Fulda bis Hersfeld schiffbar zu machen. Mit der Wasserkraft der Fulda sollten Holz und Steine gesägt und natürlich Getreide gemahlen werden.

Heute informiert in der Neuen Mühle ein kleines Museum über die Geschichte der Energiegewinnung und -nutzung sowie der Trinkwasserversorgung von Kassel. Sehr beeindruckend ist der original erhaltene Pumpenraum aus dem Jahre 1892. Strom wird seit 1999 auch wieder erzeugt. Zwei Turbinen versorgen immerhin 1.000 Haushalte!

Adresse Neue Mühle 8, 34134 Kassel-Niederzwehren | **ÖPNV** Bus 17, Haltestelle Neue Mühle | **Öffnungszeiten** Mi 10–16 Uhr; jeden 1. So im Monat 10–16 Uhr | **Tipp** Von der nahen Brücke über die Fulda hat man den besten Blick auf die Neue Mühle und das Fuldastauwehr; schön sitzt man im Biergarten des Gasthauses Neue Mühle direkt am Fuldaradweg.

76 Der Niederzwehren Cemetery

Begraben in fremder Erde

Aus der Ferne schon leuchten zwei merkwürdige, helle Kuppeln auf dem freien Feld. Darüber nichts als Himmel, dahinter nur der Horizont, daneben ein kleines Wäldchen. Was das wohl ist?, denkt man unwillkürlich und nähert sich einigermaßen neugierig. Es ist der Eingang zu einem Soldatenfriedhof. Einsam ruht er auf der kleinen Hochfläche südlich von Niederzwehren, umgeben von Feldern. – Doch mit der Einsamkeit wird es bald vorbei sein, denn in naher Zukunft entsteht in unmittelbarer Nachbarschaft ein Gewerbegebiet.

Dabei ist dies – abgesehen davon, dass es nun einmal ein Soldatenfriedhof ist – ein schöner Ort, ein Ort der Besinnung, ein Ort der Symmetrie und der Ordnung, obendrein penibel gepflegt. In Reih und Glied stehen hier 1.783 Grabplatten, jeweils eine für jeden der 1.783 jungen Soldaten des Britischen Commonwealth, die in ihren Regimentern wohl ebenfalls in Reih und Glied in jenen sinnlosen Ersten Weltkrieg gezogen waren, um fürs Vaterland zu sterben. 1.699 Briten, 50 Kanadier, 24 Australier, 5 Südafrikaner, 4 Neuseeländer und 1 Neufundländer nennt das Register, mit Namen von »A« wie Abbott bis »Z« wie Zachariah. Blickt man auf die makellos hellen Grabsteine aus Kalkstein mit den wunderschönen Wappen der Regimenter, so liest man, sofern das Alter bekannt ist: »Age 25, Age 31, Age 19 …« Menschenleben zu Ende, bevor sie richtig begonnen haben.

Auf dem Niederzwehren Cemetery ruhen seit 1921/22 Soldaten des Commonwealth, die von zahlreichen Friedhöfen hier zusammengebettet worden sind. Insgesamt gibt es vier große britische Soldatenfriedhöfe mit Gefallenen aus dem Ersten Weltkrieg in Deutschland: in Berlin, in Köln, in Hamburg – und in Kassel-Niederzwehren. Bald wird es vorbei sein mit der Ruhe; aber vielleicht finden dann auch ein paar mehr Menschen zu diesem Ort des ewigen Friedens und machen sich ein paar Gedanken über Krieg und Frieden.

Adresse Nähe Am Keilsberg, 34134 Kassel-Niederzwehren | ÖPNV Tram 5, 6, Haltestelle Brüder-Grimm-Straße, von dort noch 30–45 Minuten Gehzeit via Frankfurter Straße stadtauswärts, an der Jet-Tankstelle in die Dittershäuser Straße, vorbei an Bereitschaftspolizei und Recyclinghof, »Am Keilsberg« links | Anfahrt bis zum Recyclinghof Dittershäuser Straße 40, dann zu Fuß weiter | Öffnungszeiten immer geöffnet | Tipp Direkt daneben liegt der russische Soldatenfriedhof mit seinem völlig anderen Charakter: ein Park, darin verstreut kleinere Kreuze und ein großes russisch-orthodoxes Steinkreuz sowie ein Denkmal für gefallene deutsche Soldaten.

77_Das Obere Ahnatal
Nur für Romantiker!

Es lohnt sich unbedingt, das Obere Ahnatal zu suchen und einen Pfad hindurch, der auf keiner Wanderkarte verzeichnet ist. Es ist das vielleicht romantischste und wildeste Tal im gesamten Habichtswald. Ludwig Emil Grimm, der malende Bruder der berühmteren Brüder Grimm, war schon 1830 überaus begeistert von der Szenerie, die sich ihm hier bot. »Es war reizend da oben. Tagelang war ich im Ahnegraben, einer engen Schlucht, worin das wilde Bergwasser kleine und große Wasserfälle gebildet hat«, schreibt er in seinen ›Erinnerungen aus meinem Leben‹. »Alles ist da dicht zugewachsen, Abhänge, Felsenmassen übersponnen von Efeu, Brombeeren und Teufelszwirn – überall Waldblumen, die üppig aus den Felsritzen blühten ... An manchen Stellen war es vor all dem Wachstum ganz dunkel ... wie war es da so mutterstill um mich, kein Blatt regte sich, nur das schwache Murmeln der Wasserfälle und den Gesang der Vögel hörte man.« – Und so ist es bis heute, weil kaum jemand sich in dieses wundervolle Tal verirrt.

Wie kommt man hin? Im Grunde ganz einfach: Direkt gegenüber dem ehemaligen Gasthaus »Ahnatal« führt ein nicht markierter Weg direkt am Bach entlang in den Wald hinein. In wenigen Minuten gelangt man an einen Wasserbehälter mit einem Löwenkopf. Teils geht man direkt durch das Bachbett. Achtung! Bei hohem Wasserstand ist dieser Pfad nicht begehbar! Bald liegen entwurzelte Baumriesen quer über dem Gewässer. Blanker Fels ragt an den Ufern in die Höhe. Licht erreicht nur noch in Reflexen den Waldboden. Wasser gurgelt und plätschert. Nach etwa einer Dreiviertelstunde hat man eine Holzbrücke erreicht, an der ein Wanderweg (Markierung: ein auf dem Kopf stehendes »T«) kreuzt. Hier kann man nach rechts hinauf in Richtung Igelsburg gehen, wo man auf den Kasselsteig (Markierung: blaues »KS«) trifft; wendet man sich dort nach links, gelangt man zur Waldgaststätte Silbersee und zum Herkules.

Adresse Bushaltestelle Ahnetal, 34292 Ahnatal | **ÖPNV** Bus 110, Haltestelle Ahnetal | **Anfahrt** B 251 Wolfhager Straße / Abzweig K 29 in Richtung Ahnatal-Weimar | **Öffnungszeiten** jederzeit zugänglich, außer bei hohem Wasserstand! | **Tipp** Die Wander- und Freizeitkarte »Wandern rund um Kassel«, 1:25000, Hrsg. Stadt Kassel, ist unentbehrlich! Eine Einkehrmöglichkeit ist die Waldgaststätte Silbersee, Di–So (im Winter: Mi–So) 11–17 Uhr, www.waldgaststätte-silbersee.de.

78 Der Ossenplatz
Ein Urochs ging spazmausen

»Anno 1604 ging ein Urochs spazmausen / von Wilhelmshöhe nach Harleshausen / und als er kam ins Lückenrod / schlugen ihn die Harleshäuser tot / deshalb ein jedes Kind / die Harleshäuser Ossen nennt.« – Ist das nicht ein herrliches Wort!? Spazmausen. Man kann sich so richtig hineinfühlen, wie ein Ochse neugierig über Felder streift, hier frisches Grün zupft, da eine Knospe abbeißt ... eben spazmausen geht. Dieses Rindvieh war allerdings kein gewöhnliches, es war ein Auerochse, eine damals schon sehr seltene und angeblich 1627 ausgestorbene Spezies. Und das kostbare Tier gehörte keinem Geringeren als dem Landgrafen Moritz.

Der Bevölkerung des Dorfes Harleshausen waren die »spazmausenden« Ochsen des Landgrafen, die immer mal wieder aus den Gehegen beim nahe gelegenen Weißenstein ausbüxten, schon lange ein Dorn im Auge, verwüsteten sie doch ihre Felder. Eines schönen Tages im Jahre 1604 erwischten sie endlich einen, schlachteten ihn und teilten ihn untereinander auf. Das wiederum brachte den Landgrafen auf die Palme: Über 200 Jahre lang mussten die Harleshäuser jährlich eine saftige Geldstrafe entrichten. Seitdem heißen sie »Ossen«, ihr Wappen ziert ein Ochsenkopf, und in der Ortsmitte gibt es einen Platz mit einem Ossendenkmal.

Übrigens haben die Bewohner von elf der 23 Stadtteile Kassels einen Spitznamen: Bettenhausener »Sackstopper« (Sackstopfer), Kirchditmolder »Zäjenböcke« (Ziegenböcke), Niederzwehrener »Bratwirschte« (Bratwürste), Nordshausener »Schdinnewerfer« (Steinewerfer), Rothenditmolder »Pääreschwänze« (Pferdeschwänze), Wahlershausener »Kiehweschwänze« (Kuhschwänze), Waldauer »Änden« (Enten), Wehlheidener »Wagenrungen« (Stangen von Fuhrwerken); die Wilhelmshöher werden »Wilmschöher« genannt, die Bewohner von Wolfsanger »Spanschlauchbiedel« (Spanisch-Lauch-Beutel) und die Kasseler selbst »Windbiedel« (Windbeutel), wegen ihrer verschwenderischen Lebensweise.

Adresse Ossenplatz an der Ecke Wolfhager Straße/Karlshafener Straße, 34128 Kassel-Harleshausen | **ÖPNV** Bus 10, 18, 19, 24, Haltestelle Karlshafener Straße | **Tipp** Oben zitierte Inschrift findet man an einem Wasserbehälter im Wald bei Harleshausen; Ausgangspunkt ist der Parkplatz in der Nähe der Kreuzung Wolfhager Straße/Rasenallee; dort dem schnurgeraden Waldwirtschaftsweg wenige hundert Meter nach Osten folgen.

79 __ Das Papiercafé
Alles andere als Yellow Press

Es brauchte wohl den Impuls aus der spanischen Bar- und Café-Kultur, damit sich an einer deutschen Kunsthochschule Café und Kunst zu diesem »Papiercafé« verbanden. Carmen José aus Madrid und Kathi Seemann aus Mannheim riefen das Projekt 2013 ins Leben. Warum sollte in Kassel nicht funktionieren, was es in Madrid seit Langem gab? Ein Café, in dem junge Künstlerinnen und Künstler ihre selbst verlegten Bücher und Zines (also Publikationen aller Art) verkaufen können, das gleichzeitig als Veranstaltungs-, Ausstellungs- und Präsentationsraum genutzt werden kann und Begegnungsstätte ist: Hier kommen Studenten, Absolventen und Dozenten mit denen in Kontakt, die ihre Kunst kennenlernen oder erwerben wollen.

Vorweg sei gesagt: Man muss ihn finden, diesen Raum 210 im Nordbau der Kunsthochschule. Dafür darf man dann gemütlich auf Sofas oder Sesseln oder an selbst designten Tischen und auf selbst entworfenen Hockern Platz nehmen – oder an alten Zeichentischen aus dem Uni-Fundus. Die Raumhöhe ist beeindruckend, bestimmt fünf oder sechs Meter. Aus voll verglasten Flächen schaut man auf das üppige Grün der direkt benachbarten Karlsaue. Zum Kaffee von der Kaffeerösterei »Röstrausch« oder zu Säften von »Saftmobil«, beide aus dem nahen Gudensberg, gibt es selbst gebackenen Kuchen und Bocadillos, also belegte Brötchen.

Das Papiercafé ist eine studentische Initiative. Es ist selbstbestimmt und ehrenamtlich organisiert. Hier kann man bisher unveröffentlichte Publikationen junger Kasseler Autorinnen und Autoren – in kleinsten, teils kunstvoll handgefertigten Auflagen – aus den Bereichen Freie Kunst, Comic, Illustration, Grafik, Fotografie, Produktdesign und Kunstwissenschaft, aber auch Musik und Film ansehen und recht preisgünstig erwerben. In jedem Fall sind dies sehr kreative Erstlingswerke oder vielleicht sogar Frühwerke später einmal sehr berühmter Künstler, wer weiß?

Adresse Menzelstraße 13–15, Nordbau/Raum 210, 34121 Kassel-Süd | **ÖPNV** Tram 5, 6, RT 5, Haltestelle Heinrich-Heine-Straße/Uni | **Öffnungszeiten** Di–Do 16.30–20 Uhr, Fr 14.30–18 Uhr (während des Semesters) | **Tipp** Rund um die »Plattform für junge Kunst und Clubkultur Tokonoma« in der Frankfurter Straße 58 hat sich eine rege Ausstellungs- und Kreativenszene etabliert; abends einfach mal vorbeischauen. www.supertokonoma.de

80 Die Pariser Mühle
Die letzte ihrer Art

Sie ist die letzte und somit auch die einzig verbliebene Getreidemühle auf Kasseler Boden: die Pariser Mühle. Seit etwa 1850 wird in diesem Familienbetrieb nunmehr in der fünften Generation Getreide aus der Region gemahlen. Aber wie kam die Mühle zu ihrem seltsamen Namen, der so überhaupt nicht in die Region passen will? Sie verdankt ihn ihrem Erbauer. Dieser hatte sich einige Zeit in Paris aufgehalten und wurde daher von allen der »Pariser Friedrich« genannt.

Heute werden in der Pariser Mühle Getreide aus einem Umkreis von etwa 100 Kilometern gemahlen und Mehle und Getreideprodukte an Großabnehmer, sprich: Bäcker, im selben Umkreis verkauft. Eine moderne Anlage wie diese ist überhaupt nicht zu vergleichen mit der »klappernden Mühle am rauschenden Bach« von früher. Computer steuern elektrische Mahlwerke, Siebe und Fördereinrichtungen. Der Lärm im Mühlengebäude ist ohrenbetäubend. Mehl und Schrot rauschen durch ein Labyrinth von Röhren kreuz und quer über fünf Stockwerke. Nein, mit Mühlenromantik hat das nichts mehr zu tun. – Aber mit Qualität! Im angeschlossenen Mühlenladen kann jeder auch kleine Gebinde erwerben: Mehle aller Art, Körner, Schrot und Flocken. Das Angebot wird ergänzt durch eine große Zahl von Naturprodukten wie Müslis, Nudeln, Öle und Saaten. Etwas seltsam mutet an, dass auch Tierfutter zum Sortiment gehört. Das sei schon immer so gewesen, klärt uns der jetzige Müller Friedrich Ebrecht auf, »früher waren es Schrot und Kleie für die Großtierhaltung, heute sind es eben Fertigprodukte für Haustiere«.

Man achte auf den Markennamen »Ahna-Perle«. Die Pariser Mühle wurde ursprünglich nämlich durch den Bach Ahna angetrieben. Flussaufwärts verläuft bis heute der etwa 750 Meter lange Mühlgraben. Doch wo sich früher ein Mühlrad gemächlich drehte, treibt die Wasserkraft heute eine Turbine an und erzeugt Elektrizität.

Adresse Pariser Mühle Ebrecht, Ahnabreite 49, 34127 Kassel-Philippinenhof/Warteberg |
ÖPNV Bus 28, Haltestelle Ahnabreite | **Öffnungszeiten** Mo – Fr 9 – 18 Uhr, Sa 9 – 13 Uhr |
Tipp Ab der Gahrenbergstraße kann man immer entlang der Ahna und eines schönen Grünstreifens zwei Kilometer bis zum Uni-Gelände an der Mombachstraße laufen (circa eine halbe Stunde) oder radeln (rund zehn Minuten).

81 Das Parkdeck
Über den Dächern der Stadt

Man drückt auf »P 6«. Die Türen schließen sich. Der Fahrstuhl sirrt sanft ratternd ganz nach oben. Durch eine Stahltür geht's hinaus ins Licht und 180 Grad nach rechts. Wir befinden uns auf dem Dach der Galeria Kaufhof. – Welch eine Überraschung! Den schönsten Blick über die Innenstadt von Kassel hat der Mensch von diesem im Grunde unschönen Parkdeck. Auge in Auge mit Balkenhols »Mann im Turm« auf der Elisabethkirche (siehe Seite 136) steht man hoch über der westlichen Ecke des riesigen Friedrichsplatzes. Was gibt's zu sehen? Die Königsstraße, Kassels Einkaufsmeile. Eine Menge Menschen eilen oder schlendern entlang der vielen Schaufenster. Straßenbahnen tasten sich fast im Schritttempo in Richtung Königsplatz oder hinauf zum Rathaus.

Lässt man den Blick im Uhrzeigersinn einmal rund um den Platz schweifen, erblickt man den kleinen Opernplatz mit dem Denkmal von Louis Spohr. Dahinter die Königsgalerie, kenntlich an zwei sich drehenden, das Sonnenlicht reflektierenden Stäben. Im Hintergrund die Türme der Luther- und der Martinskirche sowie der wehrhafte Druselturm. Links neben dem Fridericianum das Portal des ehemaligen Roten Palais; obendrauf die Figurengruppe »Die Fremden«. Hinter dem Fridericianum der Zwehrenturm.

Jenseits des Steinwegs dann das Ottoneum. Daneben das Staatstheater. Rechts davon die documenta-Halle, am Abhang zur Karlsaue der »Rahmenbau«. Dahinter spitzt die gelbe Orangerie gerade noch zwischen Bäumen herauf. Die südliche Ecke an der »Schönen Aussicht« wird vom AOK-Gebäude markiert. Davor die oben bereits erwähnte Elisabethkirche. Rechts davon der Bereich der Oberen Neustadt, der ehemaligen Hugenotten-Siedlung, mit der achteckigen Karlskirche. An der Königsstraße schließlich das Rathaus und dahinter das Landesmuseum. Noch ein Blick über die Schulter in Richtung Westen: Dort wacht in der Ferne der Herkules – hoch über den Dächern der Stadt.

Adresse Obere Königsstraße 31, 34117 Kassel-Mitte | **ÖPNV** Tram 1, 3, 4, 5, 6, 8, RT 3, RT 4, Haltestellen Rathaus und Friedrichsplatz | **Anfahrt** von der Neuen Fahrt über eine New-York-Guggenheim-gleiche, spiralförmig gewundene Zufahrt direkt auf das Parkdeck | **Öffnungszeiten** Mo – Sa 9.30 – 20 Uhr | **Tipp** Alles für Comicliebhaber, Rollenspielfanatiker, Tabletop-Fetischisten und Mangaisten gibt's in der Comic-Galerie, Opernstraße 15; http://comic-galerie.de.

82 Die Putten

»Hallöchen Popöchen!« in Nordhessens Sanssouci

Das Besondere an den goldenen Putten von Wilhelmsthal sind nicht ihre Popöchen, ihre Pausbäckchen oder ihre Flügelchen. Auch nicht ihre drallen, glänzenden Bäuchlein. Nein. Das Besondere ist, dass sie eigentlich aus Blei bestehen, teils gefüllt mit Kolophonium. Und das macht sie so einzigartig, aber auch so verletzlich. Wer solch goldene Putten putzig findet, vergoldeten Stuck und barocke Goldschnitzereien, der ist im Schloss Wilhelmsthal goldrichtig. Das Zeitalter des Rokoko zwinkert uns kokett zu. Kapriziös schwingen sich Rocaille-Ornamente über verborgene Türen hinweg. Wertvolle Seidendamast- und Goldbrokatbespannungen der Wände finden in den Sitzmöbeln ihre Fortsetzung. Hier ein zierliches Figürchen, da ein verspielter Leuchter, dort kostbarstes Porzellan aus Meißen. In der »Schönheitengalerie« zig idealisiert-taillierte Grazien des Landgrafenhofes aus dem Pinsel des Hofmalers Johann Heinrich Tischbein des Älteren (des »Kasseler Tischbein«) – natürlich goldumrahmt.

Ganz schön viel Prunk und Pracht für eine »Ferienwohnung«! Viel mehr war das Lust- und Jagdschloss Wilhelmsthal nämlich nicht. Vielleicht vier Wochen pro Jahr wurden hier, in der Nähe von Calden, etwa zehn Kilometer nördlich von Kassel, Gäste empfangen, Menuette getanzt, Fasanen filetiert. Vier Appartements mit insgesamt 1.000 (!) Quadratmetern Wohnfläche befinden sich in dem Schlösschen. Dazu ein Speise- und ein Ballsaal von je 100 Quadratmetern Größe. Raumhöhe: 4,75 bis 6,25 Meter. – Repräsentativ sollte das Ganze sein und Eindruck schinden!

1743 bis 1761 ließ Landgraf Wilhelm VIII. Wilhelmsthal und die dazugehörige barocke Parkanlage durch seinen Hofbaumeister François de Cuvilliés erbauen. Im ausgehenden 18. Jahrhundert wurde der Park dem Zeitgeschmack angepasst. Mit dem Ende des Kurfürstentums Hessen-Kassel im Jahr 1866 versank das Lustschloss für 100 Jahre in einen Dornröschenschlaf.

Adresse 34379 Calden-Wilhelmsthal | **ÖPNV** Bus 47, Haltestelle Calden-Wilhelmsthal | **Öffnungszeiten** März–15. Nov. Di–So 10–17 Uhr; 16. Nov.–Feb. Fr–So 10–16 Uhr (nur mit Führung zur vollen Stunde; Sommer bis 16 Uhr, Winter bis 15 Uhr) | **Tipp** Die Rasenallee, die vom Schloss Wilhelmshöhe im Bergpark in Kassel exakt nordwärts und fast schnurgerade in Richtung Schloss Wilhelmsthal nach Calden führt, soll in früheren Zeiten mit Rasen »asphaltiert« gewesen sein, damit die Bandscheiben der Landgrafen geschont wurden.

83 Der Renthof
... beugt Rauflust und Völlerei vor

Die Geschichte des Renthofs ist lang und wechselvoll, wen wundert's, steht er doch im ältesten noch erhaltenen Teil Kassels. Alles begann mit einem Kloster: Karmeliter bauten hier, direkt neben dem ehemaligen Landgrafenschloss, ab 1298 die Brüderkirche und angrenzende Gebäude. Im Zuge der Reformation wurde das Kloster 1526 aufgegeben und ein Jahr später säkularisiert.

Seinen heutigen Namen erhielt der Renthof erst 1579/80. Damals entstand entlang der Fulda ein L-förmiger Anbau mit Kanzleien, Behörden, einem Gericht, einer Bibliothek, einer Münzstätte und Laboren der Hofapotheke. Der Begriff Renthof beschrieb eine Art landgräfliche Finanzverwaltung. Heute wird der Name für den gesamten Komplex verwendet. 1598/99 wurden die Gebäude des ehemaligen Karmeliterklosters umgebaut und zunächst als Hofschule genutzt. Bekanntester Schüler war der Komponist Heinrich Schütz, den Landgraf Moritz der Weise in der Gastwirtschaft von dessen Eltern entdeckt und in seiner musikalischen Ausbildung sehr gefördert hatte, bevor Schütz 1615 vom sächsischen Kurfürsten nach Dresden abgeworben wurde und der bedeutendste deutsche Komponist des Frühbarock werden sollte.

Die Ritterschule »Collegium Mauritianum« sollte ab 1617/18 »nach antikem Vorbild mit körperlicher Ertüchtigung, klassischer Bildung und musischer Unterrichtung der an vielen fürstlichen Höfen bei der adeligen Jugend noch vorherrschenden Rauflust und Völlerei vorbeugen«. – Wahrscheinlich aus dieser Zeit stammt auch Kassels ältester noch erhaltener Brunnen, der Apollobrunnen, der ursprünglich am Westflügel des Klosters stand und 1872 an der Außenseite angebracht wurde. 1633 bis 1653 beherbergte der Renthof Kassels erste Universität. In jüngerer Zeit wurde er als Kollegienhof, Polizeirevier nebst Gefängnis, Altenheim, Landeskirchenamt und Staatstheaterfundus genutzt. Ab 2017 werden ein Hotel und ein Restaurant einziehen.

Adresse Renthof, 34117 Kassel-Mitte | **ÖPNV** Tram 3, 4, 6, 7, 8, RT 3, RT 4, Bus 14, 15, 16, 17, 18, 19, Haltestelle Altmarkt /Regierungspräsidium | **Öffnungszeiten** von außen zu besichtigen (ab 2017 Hotel und Restaurant) | **Tipp** Auf dem gegenüberliegenden Rondell, einem alten Wehrturm des ehemaligen Landgrafenschlosses (das 1811 abbrannte), sitzt man im Sommer ganz schön – und hoch über der Fulda.

84 _ Der Rhön-Markt
Hort russischer Seele

Sein Name und sein Äußeres lassen es nicht unbedingt vermuten: Hinter den Türen des »Rhön-Marktes« tut sich eine Parallelwelt auf, ein Universum osteuropäischer Waren. Die Grundzutaten für Borschtsch – den klassischen roten russischen Eintopf – zum Beispiel: Kohl in allen Variationen, Rote Bete und Kartoffeln. Oder riesige Gläser mit sauer eingelegten Tomaten und bunten Gemüsen aller Art bis hin zu Meeresalgen.

Fischkonserven – hast du nicht gesehen! – inklusive der geschmacklich sehr gewöhnungsbedürftigen Dorschleber. Überhaupt Fisch: Eine riesige Auswahl frischen, tiefgefrorenen, geräucherten und vor allen Dingen getrockneten Fischs gibt es hier, ebenso wie Fischknabbereien, bizarr im Aussehen, doch lecker zu Bier und sehr gesund. Natürlich darf der Kaviar nicht fehlen, vom sündhaft teuren Beluga bis zum preiswerteren Wildlachs-, Forellen- oder Dorschrogen. Die Fleischtheke quillt im Sommer über von fertig gewürztem Grillfleisch; oder steht Ihnen der Sinn eher nach Hühnerlebern und Hühnermägen? – Für westlich geprägte Gaumen eine kulinarische Gratwanderung weit jenseits der Höhenzüge des Ural. Versöhnlich die riesige Auswahl an Bonbons und anderen Süßigkeiten: viele offen zum Abwiegen, andere bunt und liebevoll verpackt. In der Ecke warten Samoware und alle Arten von Tee geduldig auf Käufer, und neben der Kasse lauern Wein, Sekt und Wodka verschiedenster Provenienzen und Preisklassen.

Russische Mitbürger und russlanddeutsche Aussiedler finden im »Rhön-Markt« den Geschmack ihrer Kindheit; das tut der deutsch-russischen Seele sicher unglaublich gut! Alle anderen können hier auf kulinarische Entdeckungsreise in die Tundra und Taiga Sibiriens gehen. Die Angestellten helfen gern, wenn man die Aufdrucke in kyrillischer Schrift nicht versteht oder nicht weiß, was sich in der einen oder anderen Verpackung überhaupt verbirgt oder wie man es zubereiten soll.

Adresse Rhönplatz 2, 34134 Kassel-Süsterfeld-Helleböhn | **ÖPNV** Tram 4, 7, Haltestelle Rhönplatz | **Öffnungszeiten** Mo–Fr 9–19 Uhr, Sa 9–18 Uhr | **Tipp** Markant ragt der 40 Meter hohe kupferfarbene Turm der Dreifaltigkeitskirche an der Eugen-Richter-Straße/Ecke Sollingweg seit den 1960er Jahren in den Süsterfelder Himmel; das Kirchenschiff ist wie ein Zelt gestaltet.

85 Die Riedwiesensiedlung
Häuser mit Zipfelmützen

Was als Erstes auffällt in dieser Wohnsiedlung, das sind die extrem hohen Giebel und die riesigen, steilen Dächer, die wie viel zu groß geratene Zipfelmützen auf den Häusern sitzen, dann die großzügigen Gärten und schließlich das viele Grün. Was heute noch durchaus modern anmutet, stammt bereits aus den 1920er Jahren und wurde von Hans Soeder, Professor an der Kasseler Kunstakademie, entworfen. Von 1926 bis 1939 entstanden in den Riedwiesen insgesamt 100 gleichartige Einfamilien-, Mehrfamilien- und Doppelhäuser. Die gesamte Siedlung steht unter Denkmalschutz.

Bei den Riedwiesen, der Name deutet es schon an, handelt es sich ursprünglich um ein feuchtes Wiesengelände im Stadtteil Kirchditmold. Die Riedwiesensiedlung ist genossenschaftlich organisiert. Was das heißt? Besitzer aller Grundstücke und Häuser ist eine Genossenschaft; sie kümmert sich um Erhalt, Pflege und Renovierung. Die Bewohner der Riedwiesen sind die Mitglieder, sie haben Wohnrecht auf Lebenszeit und zahlen eine vergleichsweise günstige Miete. Mitglieder oder Kinder von Mitgliedern haben Vorrang bei Wohnungsvergaben.

Zurück zu der unverwechselbaren Dachform: Zwischen dem steilen und weit überstehenden Dach und dem Erdgeschoss konnten noch zwei Stockwerke nebst Spitzboden untergebracht werden; so war es möglich, preiswerter zu bauen, die Wohnfläche wurde vergrößert und die Grundfläche der Häuser zugunsten der Gartenfläche klein gehalten. Die Gärten waren ursprünglich zur Selbstversorgung gedacht und geben der gesamten Siedlung bis heute einen gewissen Gartenstadtcharakter. Ganz gemäß dem Credo der Genossenschaft: »Gesundes und stadtnahes Wohnen bei tragbaren Mieten«. Welch wohltuender Gegenpol zum heutigen, meist nach Gewinnmaximierung trachtenden Wohnungsbau. Im Volksmund hat die Riedwiesensiedlung übrigens den Spitznamen »Dachhausen« oder auch »Tintenviertel«, weil dort ehemals viele Schulmeister wohnten.

Adresse Am Diedichsborn, Am Hange, Am Hohen Rod, Am Hutekamp, Am Juliusstein, Geröderweg, Herrenwiesen, Kleebreite, Riedwiesen, Zum Berggarten, 34130 Kassel-Kirchditmold | **ÖPNV** Tram 8, Haltestelle Riedwiesen | **Tipp** Sehr beliebte Ausflugsziele sind das Waldcafé Hessenschanze und das Restaurant und Café Prinzenquelle direkt an der Haltestelle Prinzenquelle der Tram 8.

86 Das Rosarium
Die »Zicke« von Weißenstein

1.000 Sorten Rosen! Darunter keine Geringere als Deutschlands erste Zuchtrose, die »Perle von Weißenstein«! 1773 von Daniel August Schwarzkopf gezüchtet, dem Hofgärtner von Landgraf Friedrich II. Die »Perle von Weißenstein« diente damals als begehrtes Tauschobjekt für seltene Pflanzen, die meist aus Nordamerika oder Asien stammten. Ja, man darf sogar vermuten, dass diese Rose dem Bergpark zu seiner außergewöhnlichen Vielfalt von Bäumen und Sträuchern aus aller Herren Länder verhalf. Doch die wurzelechte »Perle« wäre heute verloren, hätte sie in den 1970er Jahren nicht ein rosenverrücktes Ehepaar, Hedi und Dr. Wernt Grimm, anhand von Zeichnungen des Hofminiaturmalers Salomon Pinhas in der Nähe des Fontänenteiches wiederentdeckt!

Seit 1977 kümmern sich Rosenfreunde des Vereins »Roseninsel Park Wilhelmshöhe« um das Rosarium im Bergpark. Jetzt blühen und duften sie wieder, reicher und vielfältiger als je zuvor; und sind sie verblüht, kann man sich an den unterschiedlichsten Formen roter Hagebutten erfreuen. Bestimmt ist das Rosarium im Bergpark Wilhelmshöhe nicht das größte, möglicherweise aber das romantischste. Im Jahr 2015 wurde es vom Weltverband der Rosengesellschaften mit dem »Award of Garden Excellence« ausgezeichnet. Schautafeln geben Orientierung über die Gruppen, Schilder mit Nummern und ein Rosenführer helfen bei der Suche nach bestimmten Sorten. Die meisten Rosen blühen rund um die Roseninsel zwischen dem westlichen Ende des »Lac« bis zum Jussow'schen Wasserfall rechts und links der dortigen Gewässer; einige auch am Parkeingang beim Parkdorf Mulang. Zur Hauptblütezeit im Juni werden Führungen angeboten.

Die »Perle von Weißenstein« findet man übrigens gut beschildert direkt am breiten Parkweg im Tal der Flora. Leider gebärdet sich ausgerechnet diese einzigartige Rose wie eine Zicke und blüht nur selten schön auf.

Adresse Bergpark (nahe Lac und Schloss), 34131 Kassel-Bad Wilhelmshöhe, www.roseninsel-kassel.de | **ÖPNV** Tram 1, Haltestelle Wilhelmshöhe (Park), von dort circa 15 Minuten Fußweg | **Tipp** Der Bergpark beherbergt viele seltene und exotische Bäume und Sträucher aus aller Herren Länder. Viele der Gehölze sind nummeriert. Einen Baumführer kann man in den beiden Besucherzentren erwerben.

87 Rotopolpress
Kassels kreative Illustratorenszene

Achtung! Hinter dieser Tür wird es bunt, originell, kreativ und manchmal auch ein bisschen schräg. Rotopolpress ist ein Independent-Verlag von und für Illustratoren. Bereits während ihres Studiums an der Kasseler Kunsthochschule haben sich Rita Fürstenau, Lisa Röper und Michael Maier 2007 mit ihrem »Verlag für grafisches Erzählen« selbstständig gemacht. – Und warum heißt Rotopolpress Rotopolpress? Ganz einfach: weil es so schön lautmalerisch klingt. Vielleicht auch, weil da etwas um einen Pol kreist; sagen wir: um den Illustratoren-Roto-Pol.

Außergewöhnliche und ausgezeichnete Indie-Comics kann man hier aufstöbern, wie zum Beispiel die wegen ihrer Illustrationen preisgekrönten Abenteuer der beiden Bonvivants Pimo & Rex. Wer es philosophischer mag, für den sind die Betrachtungen des Braunbären René über Descartes oder Dantes (bebildertes) Inferno vielleicht eher das Richtige. Oder wie wäre es mit Illustrationen zu historischen amerikanischen Gesetzestexten wie: »Die Misshandlung eines Mannes durch seine Schwiegermutter wird nicht als Scheidungsgrund anerkannt« oder »Von Januar bis April ist es verboten, Hasen zu fotografieren«?

»Pepastar« heißen gestanzte Bauspielteile aus farbigem Recyclingkarton. Aus den sternförmigen Elementen kann man im Grunde alles basteln, von der freundlichen Meeresschildkröte bis zum bissigen Nil-Krokodil. Ganz kleine Kreative freuen sich über ein Fingerpuppentheater nebst Kulissen; und für schon größere Kreative, die sich gar anschicken, selbst Illustratoren zu werden, gibt es Skizzenhefte mit handbedruckten Umschlägen. Und der lange Flur hinter dem winzigen Verkaufs- und vor dem nicht viel geräumigeren Kreativraum schreit geradezu danach, als Galerie genutzt zu werden. Wunderschön ist die Fassade des Jugendstilhauses, in dem Rotopolpress residiert. Also nicht nur ins Schaufenster schauen, sondern auch einmal nach oben!

Adresse Friedrich-Ebert-Straße 95, 34119 Kassel-West | **ÖPNV** Tram 4, 8, Haltestelle Querallee | **Öffnungszeiten** Mo–Sa 10–13.30 und 14.30–18 Uhr | **Tipp** Auf derselben Straßenseite sind einige gut sortierte Antiquitätenläden zu Hause, ein schöner Perlen- und Schmuckladen (www.im-perlenrausch.de) und die Wildwood Galerie & Store, eher für junge Leute (www.wild-wood.de).

88 Salzmann

Industriekultur im Backstein-Look

Diese Fassade ist imposant! Fast 200 Schritte benötigt man, sie entlang der Sandershäuser Straße zu passieren. Vier Stockwerke ragt das mächtige, reich gegliederte Backsteingebäude empor. Es erinnert sofort an alte Lagerhäuser in der Hamburger Speicherstadt oder an Backsteinkirchen in Norddeutschland – wenn die zahlreichen, großen weißen Sprossenfenster nicht wären. Licht war wohl wichtig in dem Gewerbe, das dieses heutige Industriedenkmal einst beherbergte.

Einen ersten Hinweis geben zwei Kinderfiguren über den Eingangsportalen: ein Bübchen hält ein Weberschiffchen in seinen Händen; um die Unterarme eines Mädchens ist ein Strang Garn geschlungen. Einen weiteren Anhaltspunkt geben drei Jahreszahlen: 1876, 1915 und 1916.

Die Auflösung: Dies war eine Weberei. 1876 tritt Heinrich Salzmann in die Firma seines Vaters und eines Compagnons ein, was als Gründungsdatum von Salzmann & Comp. gilt. Salzmann betrieb damals bereits zahlreiche Webereien in Deutschland, Tschechien und Ungarn. Der Fabrikkomplex in Kassel-Bettenhausen wurde 1890/91 begonnen und bis zum Beginn des Ersten Weltkriegs mehrfach erweitert. Während des Krieges arbeiteten hier über 5.000 Menschen.

Heinrich Salzmann stirbt 1915, die Firma bleibt in Familienbesitz. Bis in die 1950er Jahre florieren die Geschäfte. 1971 wird die Produktion in Bettenhausen eingestellt. Danach wechseln die Besitzer, ein klares Konzept gibt es nicht. Ab 1987 nutzen zahlreiche Kulturschaffende Teile der leer stehenden Gebäude als »Kulturfabrik Salzmann«. Seit 2003 scheitern diverse Pläne für ein Kultur- und Handelszentrum, ein Einkaufszentrum, eine Multifunktionshalle oder ein Behördenzentrum. Die herrlichen Gebäude verfallen zusehends. Teile der Bebauung werden zwischenzeitlich abgerissen. Die Zukunft der denkmalgeschützten Industriebrache bleibt ungewiss …

Adresse Sandershäuser Straße 34, 34123 Kassel-Bettenhausen | **ÖPNV** Tram 4, 8, Haltestelle Sandershäuser Straße, Bus 30, 32, Haltestelle Agathofstraße | **Öffnungszeiten** nur von außen zu besichtigen | **Tipp** Entlang der Lossestraße und des Baches Losse gelangt man in wenigen Minuten aus dem nüchternen Gewerbegebiet in das hübsche, historische Ortszentrum von Bettenhausen.

89 Der Scheibenbeisser
»Beatles for Sale« und local heroes

Hier kann man es wiederfinden: ein Lebensgefühl aus längst vergangenen Tagen, das ja irgendwie auch immer mit Musik verbunden ist. Da stöbert man Interpreten auf, die man längst vergessen hatte, Plattencover, die zu Hause noch in irgendeiner Umzugskiste ihr dunkles Dasein fristen, oder lauscht dem ach so vertrauten Knistern und Rauschen einer Saphirnadel auf Vinyl. Der durchaus originelle Name ist das Ergebnis einer ebenfalls nicht ganz rauschfreien Brainstorming-Runde, wie der Besitzer verrät. Vinyl dominiert hier eindeutig über Makrolon, aus dem CDs gefertigt sind. Die gibt es hier ebenfalls, in allen Musikrichtungen und Preislagen, neu oder gebraucht. Sogar Schellack kann man im Scheibenbeisser noch entdecken.

Ob nun 16, 33, 45 oder 78 Umdrehungen: Wie es Dieter Höfker (Jahrgang 1952) schafft, sich seit 1988 in seinem Sortiment zurechtzufinden – vor allen Dingen dem aus Vinyl –, bleibt sein Geheimnis. Das hat den Vorteil, dass man hier Schätzchen entdecken kann, von denen er selbst fast nicht mehr wusste, dass er sie noch hat. Dabei hat alles einmal ganz klein angefangen: mit einem Karton voller Platten auf einer Schallplattentauschbörse. Heute ist die Auswahl riesig! Von Jazz für fünf Euro bis zu Raritäten aus legendären Krautrock-Zeiten, für die Sammler bereit sind, dreistellige Beträge auf den Tresen zu blättern.

»Echte Single-Raritäten an der Theke«, steht über Regalen voller kleiner schwarzer Scheiben. In der LP-Abteilung – für jüngere Jahrgänge: LP bedeutet Langspielplatte – findet sich sogar eine Rubrik »Obskures und Abstrusitäten«; was sich dahinter verbirgt, mag jeder selbst bei einem Besuch in diesem Vinyl-Labyrinth herausfinden.

Ansonsten gibt es alles, von ABBA über »Beatles for Sale« bis zu ZZ Top. Und als i-Tüpfelchen natürlich die »local heroes«: Kasseler Musiker und Musikgruppen von den Bates bis zu Milky Chance.

Adresse Fünffensterstraße 6, 34117 Kassel-Mitte | **ÖPNV** Tram 4, 8, RT 3, RT 4, RT 5, Bus 12, 16, 500, Haltestelle Rathaus/Fünffensterstraße | **Öffnungszeiten** Mo–Fr 10–19 Uhr, Sa 10–18 Uhr | **Tipp** Direkt gegenüber finden Sie Kassels vielleicht bestes türkisches Bistro-Imbiss-Restaurant: »Anadolu«; probieren Sie unbedingt die Schmorgerichte – lecker! Unglaublich: Das »Anadolu« ist täglich rund um die Uhr geöffnet!

90 Der Schimpfworttrichter
Die Grimmwelt: vom Zettel zum Ärschlein

Eine Unverschämtheit ist das! Muss man sich hier tatsächlich beschimpfen lassen? – Nein, muss man nicht. Kann man aber. Man muss nur ein (Schimpf-)Wort in einen großen Trichter rufen, prompt schallt einem ein anderes entgegen. So oft man will. Wer's vorher nicht wusste, reagiert irritiert bis pikiert. Lustig, die Besucher und ihre Reaktionen am Schimpfworttrichter zu beobachten. Entgegen den damaligen Gepflogenheiten beschäftigten sich die Brüder Grimm auch mit Wörtern einer »zwanglosen, rohen, ungezierten sprache«.

Überhaupt: Jacob und Wilhelm Grimm auf Märchensammler und -erzähler zu reduzieren, täte ihrem umfangreichen Schaffen und Wirken zutiefst unrecht. Denn sie waren weit mehr: Sie waren Publizisten, haben eine Deutsche Grammatik geschrieben und das umfangreichste Wörterbuch der Deutschen Sprache begonnen. Bis zu ihrem Tod sind sie allerdings nur bis zum Buchstaben »F« und dem Wort »Froteufel« vorgedrungen. Insgesamt 123 Jahre (bis 1961) sollte es dauern, bis alle rund 320.000 deutschen Worte gefunden und aufgeschrieben waren.

Die Ausstellung in der Grimmwelt ist keineswegs alphabetisch sortiert wie das oben genannte Wörterbuch. Sie beginnt mit dem Buchstaben »Z« wie »Zettel«. Auf Zetteln notierten die Brüder nämlich alles, was sie zu den einzelnen Wörtern recherchieren konnten. Auf insgesamt 25 Stationen von »Ä« wie »Ärschlein« bis »XY« (ungelöst) und eben »Z« führt das interaktive und multimediale Konzept der Grimmwelt kreuz und quer durch den Wörter- und Märchenwald. Wertvollste Exponate sind die Handexemplare ihrer Kinder und Hausmärchen mit handschriftlichen Anmerkungen. Allein wegen ihrer Architektur lohnt ein Besuch der Gimmwelt: Sie ist cool, sie ist hell, sie schenkt Aussicht. Zum Abschluss sollte man ihr unbedingt noch einmal aufs Dach steigen, um von dort den vielleicht schönsten Ausblick über das Kasseler Becken zu genießen.

Adresse Weinbergstraße 21, 34117 Kassel-Mitte | **ÖPNV** Tram 1, 3, 4, 5, 6, 8, RT 3, RT 4, Haltestelle Rathaus | **Öffnungszeiten** Di – So 10 – 18 Uhr, Fr 10 – 20 Uhr | **Tipp** Auf den benachbarten Weinbergterrassen, auf denen sich im 19. Jahrhundert noch Biergärten befanden und danach zwei Villen der Familie Henschel, kann man gemütlich flanieren und den Ausblick genießen.

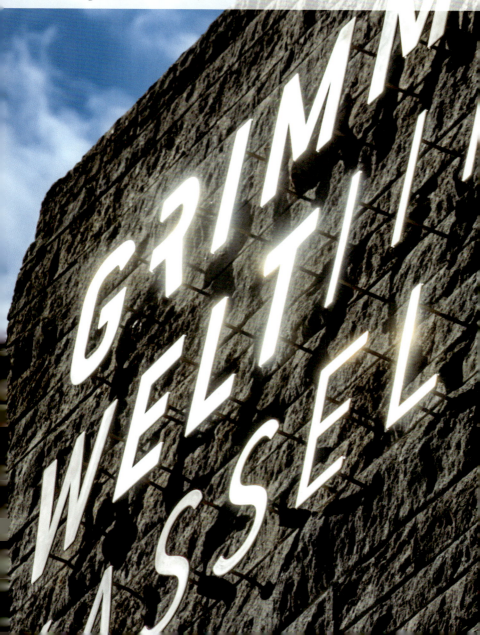

91 Das Schloss Schönfeld
Nicht nur ein Treffpunkt der Romantiker

In kaum einem anderen Gebäude der Stadt Kassel spiegelt sich die wechselvolle Geschichte des ausgehenden 18. und beginnenden 19. Jahrhunderts deutlicher als in Schloss Schönfeld: Es sah Romantiker rund um die Brüder Grimm. Es sah Jérôme Bonaparte, den Bruder Napoleons. Es sah die von ihrem Gatten verstoßene Kurfürstin Auguste und den oppositionellen Schönfelder Kreis. Doch der Reihe nach.

Im Jahr 1777 ließ ein Oberst namens Schönfeld – Kommandeur der Gardes du Corps, der Leibgarde des Landgrafen Friedrich II. – das Schlösschen als Sommerresidenz erbauen. Bereits 1790 verkaufte er es an den damaligen Landgrafen Wilhelm IX. Bis 1805 wechselte es noch mehrmals den Besitzer, bis es schließlich der Frankfurter Bankier Karl Jordis erwarb, der mit Lulu Brentano verheiratet war. So kam es, dass nicht nur deren Geschwister Bettina und Clemens Brentano im Schloss Schönfeld verkehrten, sondern auch Bettinas zukünftiger Mann Achim von Arnim und die befreundeten Brüder Grimm, allesamt bedeutende Vertreter der sogenannten »Heidelberger Romantik«.

Doch schon 1809 riss sich Jérôme Bonaparte das Anwesen unter den Nagel, der sechs kurze Jahre lang von Kassel aus das Königreich Westphalen regierte. Jérôme feierte lieber, als dass er in den Krieg zog. »Morgen wieder lustik« soll er seinem Volk nach abendlichen Gelagen zugerufen haben, daher sein Spitzname: König Lustik. Doch schon 1813 hatte es mit dem »Lustiksein« ein Ende. 1821 schob Kurfürst Wilhelm II. seine von ihm getrennt lebende Gattin Auguste in das Schloss ab, das nun »Augustenruhe« genannt wurde. Der Kurfürst bevorzugte nämlich seine Mätresse Emilie Ortlöpp, die er zur Gräfin von Reichenbach erhob. Die Kasseler Bevölkerung akzeptierte die selbstgefällige und machtbewusste Gräfin nie. Und rund um Auguste bildete sich der oppositionelle Schönfelder Kreis, dem unter anderen die oben genannten Romantiker angehörten.

Adresse Bosestraße 13, 34121 Kassel-Wehlheiden | **ÖPNV** Bus 27, Haltestelle Botanischer Garten | **Öffnungszeiten** nur von außen zu besichtigen (oder im edlen Restaurant Park Schönfeld Di–Sa ab 18 Uhr dinieren) | **Tipp** Fordert zum Mitmachen auf: der Klangpfad im Park Schönfeld mit seinen zahlreichen Klanginstallationen von Professor Walter Sons (www.klangpfad-kassel.de).

92 — Die Schwaneninsel
Zwischen Boule, Barock und Bowlinggreen

Es gibt einen Ort in der Karlsaue, der wird für die meisten unerreichbar bleiben. Ein Sehnsuchtsort gewissermaßen: die Schwaneninsel im großen Bassin. Kein Steg führt hinüber, kein Kahn wartet am Ufer; man müsste schwimmen oder abwarten, bis der Teich einmal zufriert. Aber gerade das Unerreichbare hat ja seinen besonderen Reiz. Was sehen wir auf dem Inselchen? Einen kleinen weißen Tempel mit grüner Kuppel und goldener Kugel obenauf. Die Kugel stellt den Planeten Jupiter dar. Ein Planetenweg, der an der Orangerie beginnt, wurde exakt so berechnet (1:495 Millionen), dass Jupiter genau an dieser Stelle platziert ist.

Einen herrlichen Park haben Landgraf Karl und seine Nachfolger hier hinterlassen. Alles an ihm strahlt Ruhe aus: die drei barocken Wasser-, Weg- und Blickachsen; die exakt spiegelsymmetrische Orangerie mit ihren beiden Nebengebäuden, dem Marmorbad und dem Küchenpavillon; der altehrwürdige Baumbestand; die großzügige Karlswiese (das größte »Bowlinggreen« Deutschlands) im vorderen Bereich und versteckte Lichtungen im hinteren. Lebhaft geht es nur im Bistro vor der Orangerie zu, jedenfalls bei gutem Wetter. Dann kann es einem regelrecht französisch zumute sein, wenn man unter Sonnensegeln vor der prachtvollen, gelb-weißen Fassade sitzt und den Boule-, Pardon: Pétanque-Spielern beim wohl französischsten aller Spiele zuschaut oder hört, wie die Stahlkugeln aneinanderklackern.

Je weiter man sich von der Orangerie entfernt, umso ruhiger wird es, und umso mehr verwandelt sich die streng barocke Anlage in einen Landschaftspark. Ein Reiher wartet an einem Ufer geduldig auf Beute; Nilgänse, die sich hier längst heimisch fühlen, paddeln mit ihren Gösseln über eine Wasserfläche; eine Sumpfschildkröte rudert träge taumelnd durch einen Graben. Dazu vereinzelte Spaziergänger und Radfahrer, Liebespaare auf weißen Bänken, Mütter mit Kinderwagen, Familien mit Kindern …

Adresse Auedamm / An der Karlsaue, 34121 Kassel-Süd | **ÖPNV** Bus 16, Haltestelle Orangerie | **Öffnungszeiten** immer zugänglich | **Tipp** Im »Pancake-Pfannkuchenhaus Kassel« am Auedamm 17 gibt's – na, was wohl? – Pfannkuchen in allen Variationen (sowie Currywurst und Schnitzel, www.pancake-kassel.de).

93 Der Seerosengarten
Claude Monet hätte seine helle Freude

Blaupfeile, Mosaikjungfern und andere Großlibellen patrouillieren mit knisterndem Flügelschlag über glitzernden Wasserflächen. Ein Grasfrosch sonnt sich auf einem kreisrunden dunkelgrünen Seerosenblatt wie auf einer schwimmenden Insel, um im nächsten Moment leise platschend im kühlen Nass zu verschwinden. Kaulquappen grasen auf Algenrasen wie Kühe auf Weiden. Ein gold-grün-schillernder Rosenkäfer taumelt brummend über handtellergroße weiße, gelbe, rote oder violette Seerosenblüten hinweg.

Wohl nirgends in und um Kassel kann man sich Claude Monet so nahe fühlen wie hier, im Seerosengarten in Fuldatal-Rothwesten. Ebenso wie im Garten des Impressionisten in Giverny führt auch hier ein Steg über den größten der Teiche. Über 300 verschiedene Seerosensorten blühen in diesem kleinen Paradies, damit ist dieser Garten der artenreichste Europas! Die dicken Knospen der Seerosen öffnen sich erst über der Wasseroberfläche, denn sosehr diese Pflanzen an das Wasser gebunden sind, Feuchtigkeit von oben vertragen die empfindlichen Blüten nicht. Auf dem Rasen geht man ganz weich. Hier ein kleines Bänkchen zum Verweilen, da eine überdachte Sitzgruppe. Und je mehr man innehält, umso mehr nimmt man wahr: Buchs, Thuja, Nadelbäume – kunstvoll in Form gebracht von fachkundiger Gärtnerhand. Fleischfressende Kannenpflanzen, Venusfliegenfallen, Sonnentau, urzeitliche Schachtelhalme; alles, was Feuchtigkeit, Moor, Torf liebt – und natürlich Seerosen, Seerosen und nochmals Seerosen. Die kleine Schwester der Seerose, die quittengelbe Teichrose – auch Mummel genannt –, wird gerade von einer blau schimmernden Binsenjungfer, einer Kleinlibelle, besucht.

10.000 Quadratmeter Gartenfläche hat Herbert Bollerhey seit 1992 liebevoll bepflanzt. Seit 2000 findet jährlich im Hochsommer ein Seerosenfestival mit Wahl einer Seerosenkönigin statt. Erst seit 2014 ist der Garten auch für Besucher zugänglich.

Adresse Eichenberger Straße, 34233 Fuldatal-Rothwesten, www.seerosengarten-fuldatal.de | **ÖPNV** Bus 40, Haltestelle Raiffeisenbank (Rothwesten) | **Öffnungszeiten** Mitte Mai – Mitte Sept. Mo – Sa tagsüber | **Tipp** In direkter Nachbarschaft befindet sich das Lädchen »Fabelhaft«, in dem Iris Brake »Schönes für SIE und Ihr Zuhause« anbietet; wirklich reizend!

94 Das Selbsterntefeld
Sie säen nicht und ernten doch

Was ist das, ein Selbsterntefeld? Es ist eine Möglichkeit für Menschen in der Stadt, die über keinen eigenen Garten verfügen, Salate, Kräuter und Gemüse zu hegen, zu pflegen und zu ernten. Und das funktioniert so:

Im Frühjahr werden auf einem vorbereiteten und eingezäunten Feld in langen Reihen nebeneinander über 30 verschiedene Feldfrüchte ausgesät beziehungsweise als Jungpflanzen gesetzt: Buschbohnen und Brokkoli, Pastinaken und Porree, Zucchini und Zuckererbsen, um nur sechs zu nennen. Alle natürlich bio. Quer zu den Reihen werden einzelne, etwa 40 Quadratmeter große Parzellen abgeteilt und nummeriert. Dieses bepflanzte Stück Land kann man dann jeweils für eine Saison (von Mitte Mai bis Anfang November) zu einem überschaubaren Betrag pachten. Man muss »nur« noch Unkraut jäten, hin und wieder gießen, gegebenenfalls nachpflanzen – und natürlich ernten!

Der Ertrag reicht etwa für eine Familie. Gartengeräte werden in einer Kiste bereitgestellt. Tipps und Infos gibt es kostenlos per Mail, persönlich vor Ort oder per Aushang. – Oder vom Parzellennachbarn, denn gemeinsames Gärtnern ist gerade dann, wenn man überhaupt keine Ahnung davon hat, besonders kommunikativ! Und es ist ein ganz anderes Gefühl (insbesondere für den Stadtmenschen), den eigenen Salat, das eigene Gemüse zuzubereiten und zu verzehren, anstatt wie üblich alles im Supermarkt eingekauft zu haben.

Und wer hat's erfunden? Ursprünglich Mitarbeiter des Gutes Frankenhausen, eines Demonstrationsbetriebes für Ökologischen Landbau der Universität Kassel. – Mit dem Selbsterntefeld in Kirchditmold hat Ulrike Kulbarsch 2014 als Erste den Schritt in die »Selbstständigkeit« gewagt, nicht ohne weiterhin von der Uni beraten und von einem Bauern tatkräftig unterstützt zu werden. Die Nachfrage ist enorm. Die Idee trifft wohl den Nerv der Zeit, vor allen Dingen bei Stadtbewohnern und ihren Kindern.

Adresse Todenhäuser Straße, 34128 Kassel-Kirchditmold, selbsterntefeld-kidimo@web.de |
ÖPNV Bus 10, 41, 110, Haltestelle Todenhäuser Straße | **Öffnungszeiten** während der Vegetationsperiode zu besichtigen (Mai–Okt.); im Winter muss das Feld ruhen | **Tipp** Eher auf Zierpflanzen liegt der Schwerpunkt bei der Gärtnerei Friedenreich in der Harleshäuser Straße 109. Die Auswahl und die Qualität sind wirklich beeindruckend!

95 Die Solar Academy
Von Sunny Boys auf Sunny Islands

Dieses Gebäude scheint zu schweben. Der Sonne entgegen, wohin denn sonst? Vielleicht ist es auch eine Art »Sunny Island« – eine Sonneninsel im Reich der Verbrennungsmotoren, denn es befindet sich mitten auf einem riesigen Parkplatz vor der SMA-Firmenzentrale. Der Sonne hat die SMA Solar Technology AG viel zu verdanken, ihre schiere Existenz nämlich; und die Solarenergiebranche hat SMA viel zu verdanken: Wechselrichter, die fast ohne Energieverlust den Gleichstrom aus Solarzellen in Wechselstrom für die Steckdose umwandeln (Sunny Boys), und netzunabhängige solare »Insel-Systeme« (Sunny Islands).

Doch zurück zu diesem Gebäude. Es ist nicht irgendein Bauwerk. Es ist zu 100 Prozent energieautark und CO_2-neutral. Das heißt, es erzeugt die gesamte regenerative Energie, die es benötigt, selbst: durch Solarzellen und ein Blockheizkraftwerk, das durch Biogas betrieben wird – eine klassische Inselstromversorgung, wie Fachleute die Energieversorgung weitab von öffentlichen Stromnetzen nennen. Das ist immerhin interessant für fast ein Drittel der Weltbevölkerung. Und es ist genau das, was SMA (neben Wechselrichtern) weltweit anbietet.

Die SMA Solar Academy beweist obendrein, dass Solararchitektur schön und ästhetisch sein kann. Das lang gezogene, sechseckig-polygonale Bauwerk scheint auf seinen filigranen Stelzen geradezu zu schweben. Ganz freiwillig thront es allerdings nicht da oben, es steht nämlich im Überschwemmungsbereich der Fulda und der Losse. Blaue Solarzellen sind direkt in die Fassade integriert, erzeugen reichlich Energie, lassen genügend Licht ins Innere und beschatten gleichzeitig den Innenraum. Alles andere strahlt in der Farbe Weiß oder besteht aus Glas.

Die Kursteilnehmer der Solar Academy werden gleich im Foyer über den momentanen Energieverbrauch informiert sowie über das eingesparte CO_2. – Ach so! Die Adresse: Sonnenallee 1 natürlich!

Adresse SMA Solartechnology AG (ursprünglich für: System-, Mess- und Anlagentechnik), Sonnenallee 1, 34266 Niestetal-Sandershausen | ÖPNV Bus 30, 52, Haltestelle SMA | Öffnungszeiten jederzeit von außen zu besichtigen | Tipp In unmittelbarer Nachbarschaft (zwischen Sandershäuser und Ellenbacher Straße) befindet sich die 1902 von der Textilfirma Salzmann gebaute Werkssiedlung »Salzmannshausen«, gut erkennbar an der charakteristischen Architektur.

96 Der Sophie-Henschel-Platz

Erinnerung an eine Unternehmerin und Wohltäterin

Sie war wohl das, was man im 19. Jahrhundert einen »Blaustrumpf« nannte: eine gebildete, selbstbewusste, ja, emanzipierte Frau. Oscar Henschel wurde vor ihr gewarnt, trotzdem forderte er sie zum Tanz auf; er hatte sich schlicht und ergreifend in diese hübsche, kluge Widerspenstige verliebt. Am 21. Juni 1862 heirateten sie. – Von Anfang an band Henschel seine Frau Sophie in alle unternehmerischen Entscheidungen mit ein, das war äußerst ungewöhnlich zu einer Zeit, in der die Frauen noch nicht einmal Wahlrecht hatten.

1894 starb Oscar Henschel, und zur Überraschung vieler übernahm Sophie die Leitung der Firma. Mit großem Erfolg! 1910, zum 100. Geburtstag von Henschel & Sohn, lieferte das Unternehmen die 10.000. Lokomotive aus, und Sophie Henschel galt als die reichste Frau im Reich. Wie sie ihre unternehmerische Verantwortung verstand, verdeutlichen die Zeilen, die sie ihrem Sohn kurz vor der Geschäftsübergabe im Jahre 1912 ins Stammbuch schrieb: »Ich habe Vertrauen zu meinem lieben Sohn, dass er die Fabrik nicht bloß als Mittel zum Gelderwerb ansehen wird, sondern dass er den Beamten und Arbeitern ein gerechter und wohlwollender Chef sein wird, den berechtigten Wünschen derselben zuvorkommt, damit wills Gott, das bisherige gute Einvernehmen zwischen Arbeitgeber und Arbeitnehmer fortbestehen bleibt.«

Sophie Henschel war nicht nur Unternehmerin, sie war auch Mäzenin. 1908 stiftete sie der Stadt Kassel das Rot-Kreuz-Krankenhaus. Der Platz davor wurde nach ihrem Tod »Sophie-Henschel-Platz« genannt. Seit den 1920er Jahren umrahmen die Backsteinhäuser des Sophie-Henschel-Stifts die Grünfläche. Dadurch entstand eine in sich geschlossene kleine Parkanlage, die eine große Ruhe und Geborgenheit ausstrahlt. Im Eingangsbereich des Rot-Kreuz-Krankenhauses erinnert ein Porträt an diese außergewöhnliche Frau.

Adresse Sophie-Henschel-Platz, 34121 Kassel-Wehlheiden | **ÖPNV** Tram 1, 3, 4, 7, Haltestelle Rotes Kreuz | **Tipp** In fünf Minuten Fußentfernung befindet sich der ICE-Bahnhof Wilhelmshöhe, im Volksmund der »Palast der Winde« genannt, mit seinem kühnen, schwebenden Dach über dem Bahnhofsvorplatz.

97 Das Spohr-Museum
Auf den Spuren eines Musik-Genies

Hier gibt's nicht nur was auf die Ohren, hier kann man Musik auch fühlen und Töne sogar sehen. Und hier erfährt man, was Louis Spohr von seinem nicht minder begabten Zeitgenossen Paganini – dem »Teufelsgeiger« – unterscheidet, und was ihn mit John Lennon verbindet. Also auf ins Spohr-Museum im Südflügel des Kulturbahnhofs!

Anfassen und Mitmachen sind vielfach ausdrücklich erlaubt! Den Besuchern wird klar, was Saiten von Streichinstrumenten mit Frankfurter Würstchen zu tun haben, und sie sehen unter einem Stroboskop, wie eine einzelne Geigensaite schwingt. Danach schwingen sie selbst den Taktstock und dirigieren ein großes Orchester oder spielen virtuell auf einer Violine. – »Virtuos virtuell«, ein abstrakter Experimentalfilm des Kasseler Oscar-Preisträgers Thomas Stellmach und seiner Künstlerkollegin Maja Oschmann zu Musik aus Spohr's Oper »Alchymist«, bricht mit herkömmlichen Hör- und Sehgewohnheiten. Und wer weiß schon, dass eine Violine und ihr Bogen aus vier Holzarten mit ganz unterschiedlichen Eigenschaften und Gewichten bestehen?

Noch ein paar Fakten zu Louis Spohr: Schon zu seinen Lebzeiten (1784–1859) galt er als Kompositions- und Violingenie. Bevor er 1822 als Hofkapellmeister an den Kasseler Kurfürstenhof kam, wirkte er in Braunschweig, Gotha, Wien und Frankfurt. Alle Effekthascherei à la Paganini – der sich schon mal ein paar Saiten von der Geige riss – war ihm völlig fremd. Andererseits regte sich in Spohr wohl auch ein revolutionärer Geist. Obgleich Angestellter des Kurfürsten, sympathisierte er mit der sehr liberalen Kurhessischen Verfassung von 1831, welche die absolutistischen Machtansprüche des Landesherren stark einschränkte. Sehr enttäuscht war er über das Scheitern der Revolution von 1848/49. Mehrfach hatte er Parlamentssitzungen in der Paulskirche besucht. Insofern war er dem revolutionären John Lennon vielleicht näher, als man denkt.

Adresse Franz-Ulrich-Straße 6 (Kulturbahnhof Südflügel, Zugang durch den Bahnhof), 34117 Kassel-Mitte | **ÖPNV** Regio-Tram RT 3, RT 4, RT 5, RT 9, Bus 10, 12, 17, 18, 19, Haltestelle Hauptbahnhof | **Öffnungszeiten** Sa–Mo 10–16 Uhr | **Tipp** »UNTEN« ist ein Keller im Nordflügel des Kulturbahnhofs, der es in sich hat. Für Techno-, Punk- und House-Freaks. (Joseph-Beuys-Straße 7). www.wirsindunten.de

98 Der Stadthallengarten
Refugium für Ruhesuchende

Im Stadtgebiet von Kassel gibt es wahrlich viel Grün. Man denke nur an den Bergpark Wilhelmshöhe, an die Karlsaue, an das ehemalige Bundesgartenschau-Gelände in den Fulda-Auen oder an die Dönche, das größte innerstädtische Naturschutzgebiet in Deutschland. Zahlreiche kleinere Parks wären zu nennen wie zum Beispiel die Goethe-Anlage, der Aschrott-Park (siehe Seite 31) oder der Botanische Garten. Circa zwei Drittel (!) der Stadtfläche sind Grünflächen. – Eine davon schlummert in tiefem Dornröschenschlaf hinter der Stadthalle und der Firmenzentrale von Wintershall und wird dort leicht übersehen: der Stadthallengarten.

Dabei strahlt diese überschaubare Gartenanlage eine so souveräne Ruhe aus, dass man in ihr tiefer entspannen kann als vielleicht an anderen Orten. Das mag auch damit zu tun haben, dass sich vergleichsweise wenige Menschen hierher verirren. Bänke verbergen sich zwischen hohen Hecken, eine großzügige Rasenfläche erlaubt einen entspannten Blick zur gegenüberliegenden Mauereinfassung. Uralte Bäume spenden wohltuenden Schatten. Bunte Blumenrabatten erfreuen das Auge. Rosen duften. Kiwipflanzen schlingen und ranken sich um ein Rondell. Hier eine Familie auf einer Picknickdecke, da ein Zeitungsleser zwischen Buchs, dort ein Liebespaar auf einer Bank.

Der Unternehmer Sigmund Aschrott schenkte der Stadt anlässlich ihrer 1.000-Jahr-Feier im Jahr 1913 ein Grundstück zwischen Kirchweg, Katten- und Baumbachstraße, den ehemaligen Florapark. Die Auflage: Am Rande des Geländes sollte eine Stadthalle errichtet werden (das heutige Kongress-Palais). In seiner jetzigen Form entstand das Gartendenkmal Ende der 1920er Jahre durch den Garten- und Landschaftsarchitekten Rudolf Stier. Mag sein, dass nun ein paar mehr Menschen den Weg in dieses »Refugium für Ruhesuchende« finden – das wird seiner Ausstrahlung, seiner Ruhe, seiner Würde sicherlich keinen Abbruch tun.

Adresse Zwischen Katten- und Baumbachstraße, 34119 Kassel-West | **ÖPNV** Tram 4, Haltestelle Kongress-Palais/Stadthalle | **Öffnungszeiten** jederzeit zugänglich | **Tipp** Der kleine »Kunsttempel« an der Friedrich-Ebert-Straße gegenüber der Stadthalle ist ein Ort zur Erkundung der weißen Flecken auf der Landkarte der Kunst; regelmäßig finden hier Ausstellungen und Lesungen statt (www.kunsttempel.net).

99 Die Stadtimkerei
Victor Hernández und seine fleißigen Mädels

Dieser Mann beschäftigt über zwei Millionen Mitarbeiterinnen. »Meine fleißigen Mädels« nennt Stadtimker Victor Hernández sie liebevoll. Es sind Bienen. Honigbienen. Begonnen hat der gebürtige Spanier im Jahr 2012 mit zwei Bienenkästen auf dem Dach eines Mehrfamilienhauses in Kassel-Nord-Holland, mittlerweile sind es über 30 in fünf Stadtteilen. – Bienen in der Stadt? Marketingfachleute wollten ihm ausreden, dies auch noch auf die Etiketten seiner Honiggläser zu schreiben. Zu viel Schmutz, zu viele Abgase, zu geringes Blütenangebot. Alles in allem: zu negativ das Image. – Stimmt alles nicht!

Zwei Drittel der Stadtfläche Kassels sind nicht nur grün, nein, sie blühen auch zu fast allen Jahreszeiten. Damit gehört Kassel zu den grünsten Städten in Deutschland. Man beachte darüber hinaus die unglaubliche Vielfalt von blühenden Pflanzen und Bäumen an Wegrändern, in Gärten oder auf Balkonen. Hinzu kommt: Seit den 1970er Jahren ist die Luft in den Städten kontinuierlich sauberer geworden. Pestizide werden in der urbanen Umgebung so gut wie nicht eingesetzt.

Interessant: Jeder Stadtteil schmeckt tatsächlich anders! Das ist dem standortbedingten, unterschiedlichen Blütenangebot geschuldet. Daher verkauft Victor Hernández seinen Honig nicht wie andere Imker nach Tracht, sondern nach Stadtteilen sortiert: »So facettenreich wie die Gesichter dieser Stadt«, steht auf den wunderhübsch künstlerisch gestalteten, blütenbunten Etiketten. Von den Bienenkästen sieht man kaum etwas, denn die verstecken sich meistens auf flachen Dächern, zum Beispiel auf dem des Staatstheaters oder des Kurparkhotels. Im Botanischen Garten kann man sie ausnahmsweise mal aus der Nähe betrachten (am Eingang hinter den Gewächshäusern nach links). Ganz wichtig für Stadtbienen: Die »fleißigen Mädels« von Victor Hernández sind gezielt auf Sanftmut und Friedfertigkeit gezüchtet.

Adresse Bienenkästen kann man sehen im Botanischen Garten, Bosestraße 15, 34121 Kassel-Wehlheiden, www.kassel-stadthonig.de | **ÖPNV** Bus 27, Haltestelle Botanischer Garten | **Öffnungszeiten** Botanischer Garten: Feb., März 8–18 Uhr, April–Sept. 8–20 Uhr, Okt.–15. Nov. 8–18 Uhr, 16. Nov.–Jan. 8–15.30 Uhr | **Tipp** Im Werkhaus-Café in der Bosestraße 9c werden Sie samstags und sonntags von 14 bis 18 Uhr von Menschen umsorgt, die ein bisschen anders sind, die ein Handicap haben. www.werkhof-am-park.de

100 Das Tapetenmuseum
Geschmacksverirrungen nicht ausgeschlossen

Es ist das erste. Es ist das älteste. Es ist das einzige: das Deutsche Tapetenmuseum. Derzeit und auf absehbare Zeit vegetiert es leider in einem viel zu kleinen Provisorium im Westflügel der Orangerie an der Karlsaue vor sich hin. Dabei bräuchte das Museum Raum, noch besser: Räume, um die Entwicklung dieses Wandschmucks vom 16. Jahrhundert bis heute nachzuzeichnen.

Was könnte uns ein Blick auf deren Wände dann alles eröffnen: Moden und Geschmacksrichtungen verschiedenster Stil-Epochen, von der Goldledertapete über Panoramatapeten bis hin zu psychedelischen gelb-orange-pinkfarbenen Flower-Power-Papiertapeten der 1970er oder Harald Glööcklers »pompöösen« neobarocken Prunktapeten der 2010er Jahre. Eine Zeitreise der etwas anderen Art – geschmackliche Verirrungen der jeweiligen Zeit nicht ganz ausgeschlossen. Im Moment bleibt leider nur der Blick in klug gestaltete winzige Nischen.

Im Jahre 1923 wurde das Deutsche Tapetenmuseum als weltweit erstes seiner Art im Roten Palais eröffnet (neben dem Fridericianum, heute Kaufhaus Leffers). Der Tapetenhändler Gustav Ivens und verschiedene Tapetenhersteller ergriffen die Initiative und begannen zusammenzutragen, was weltweit Wände ziert: 23.000 Objekte umfasst die Sammlung bis heute – trotz recht großer Verluste im Zweiten Weltkrieg. Mittlerweile ist das Museum mehrmals umgezogen; als endgültige Heimat ist ein Gebäude am Brüder-Grimm-Platz vorgesehen, gegenüber dem ehemaligen Firmensitz der Tapetenmanufaktur Arnold. Johann-Christian Arnold gründete 1789 an diesem Platz eine der ersten Papiertapetenfabriken in Deutschland.

Was die derzeit entschieden zu kleinen Räumlichkeiten nicht präsentieren können, erschließt glücklicherweise ein umfangreicher Online-Katalog; nicht nur für Schlossverwaltungen, Denkmalämter oder Tapetenhistoriker eine Fundgrube. Klicken Sie doch mal rein!

Adresse Orangerie (Westflügel), An der Karlsaue 20c, 34121 Kassel-Südstadt (geplanter neuer Standort: Brüder-Grimm-Platz 1), www.tapeten.museum-kassel.de | **ÖPNV** Bus 16, Haltestelle Orangerie | **Öffnungszeiten** Do 10–12 Uhr, Fr–So 10–17 Uhr | **Tipp** Am »Hiroshima-Ufer«, dem Fuldaufer zwischen Orangerie und Drahtbrücke, steckt die »Spitzhacke« von Claes Oldenbourg, ein documenta-7-Kunstwerk aus dem Jahr 1982; ihr Stiel weist zum Herkules hinauf, als ob dieser sie hierhergeschleudert habe …

101 Die Teufelsmauer
Seltsames verbirgt sich da im Habichtswald

Merkwürdig ist das schon! Mitten im Wald steht einsam ein mächtiger Mauerrest. Vielleicht die Überbleibsel einer Burgruine? Ist da nicht sogar noch eine Fensteröffnung zu sehen? Das Ganze scheint allerdings keineswegs gemauert zu sein. Seltsam. – Mal näher hingehen. – Nein, diese bestimmt 30 Meter lange, zehn Meter hohe und fast einen Meter dicke Wand ist nicht von Menschenhand errichtet! Aber wie kommt sie dann mitten in den Habichtswald? Da müssen übermenschliche Kräfte am Werk gewesen sein! Der Teufel! Bestimmt hatte der Teufel da seine Hand im Spiel ...

Bevor wir noch länger in mittelalterlichem Aberglauben herumphantasieren, hier die naturwissenschaftliche Erklärung: Magma war's, das an dieser Stelle vor Jahrmillionen zunächst unterirdisch in eine Spalte quoll und erstarrte. Der weichere Tuffstein drumherum wurde bergmännisch abgetragen, um Baumaterial für das Herkulesbauwerk zu gewinnen; die harte Basaltmauer blieb stehen.

Nur eine Viertelstunde Fußweg entfernt liegt ein herrlicher Aussichtspunkt: der Hirzstein, direkt oberhalb von Schauenburg und der Autobahn 44 von Kassel nach Dortmund. Originell und sehr nützlich für den Wanderer ist der »Fernrohr-Guck-Pfahl«: Metallröhren geben die Blickrichtung genau vor und sind vorbildlich mit Namen und Entfernungsangaben versehen.

Aber lieber wieder zurück und tiefer hinein in den Habichtswald. Hinunter ins Firnsbachtal und in nur einer Dreiviertelstunde zum Herbsthäuschen. Wohlverdiente Einkehr! Recht modern kommt die Wandergaststätte daher, seit sie nach einem Brand 2005 neu errichtet worden ist. Jetzt wäre es auch nicht mehr weit bis zum Hohen Gras, mit 615 Metern die höchste Erhebung der Stadt Kassel. Auch hier könnte man schön einkehren oder im Winter Ski fahren, denn es gibt sogar einen Lift! Auf dem Rückweg lohnt ein Abstecher zum Bismarckturm, der einen herrlichen Ausblick auf Kassel erlaubt.

Adresse Konrad-Adenauer-Straße, 34132 Kassel-Brasselsberg | **ÖPNV** Bus 51, 52, 53, 55, Haltestelle Brasselsberg, Wanderweg »M« (Teufelsmauer 45 Minuten; Abstecher Hirzstein 2 mal 15 Minuten; Teufelsmauer bis Herbsthäuschen 30 Minuten) | **Öffnungszeiten** Herbsthäuschen und Hohes Gras: Di–So 11–18 Uhr | **Tipp** Unentbehrlich ist die Wander- und Freizeitkarte »Wandern rund um Kassel«. – Nur für ganz Mutige: In der Nähe des Hohen Grases befindet sich der Kletterwald Kassel (verschiedene Schwierigkeitsgrade). www.kletterwald-kassel.de

102 — Three to One
Und es summt und summt und summt …

Man muss schon genau hinhören im Treppenhaus des AOK-Gebäudes an der Schönen Aussicht: ein freundliches Summen wie von fernen Propellerflugzeugen; oder eher wie von einem Zeppelin? Vom nahen Steinweg dringt Verkehrslärm herüber. Das Treppenhaus: lichtdurchflutet. Schwarz meliert der Boden. Der Blick schweift hinaus, hinunter zu Karlsaue und Orangerie, über den riesigen Friedrichsplatz.

Piep, piep, piep, piep. Ein Türcode wird eingegeben. Klackend öffnet sich eine Tür – und fällt gleich wieder ins Schloss. Dahinter Büros, Sitzungsräume. Davor dieses mehr als großzügig bemessene Treppenhaus. Die Decken von einem unregelmäßigen Oval durchbrochen. Die Treppe schwingt sich im typischen Stil der 1950er Jahre elegant von Stockwerk zu Stockwerk – und es summt und summt und summt; ununterbrochen, ohne Atem zu holen, ein unendliches Summen. Wie gut dieses Summen tut! Wie gut das Licht! Wie gut der Raum! Man möchte verweilen. – In einer Ecke drei schwarze Lehnstühle mit braunem Kunstleder bezogen. Einfach hinsetzen und hinhören. Einfach hören. Da sein. Die Großzügigkeit genießen. Das Licht. Die Kargheit und Einfachheit und Proportion dieses Raums. Schritte. Fahrstuhlgeräusche. Sie verklingen wieder. Das Summen bleibt.

Die oberste Etage ist die schönste. Die Decke zartgelb. Schafft man es, sich aus seiner Meditation loszureißen und hinabzugehen, stellt man fest, dass sich der Ton fast unmerklich ändert. Noch ein Stockwerk. Immer noch leises Summen, geringfügig anders nun. Ist er nun tiefer, der Ton? Oder höher? Man muss schon genau hinhören …

Zur Info: Das AOK-Gebäude und sein Treppenhaus wurden von dem Kasseler Architekten Konrad Proll entworfen und 1959 fertiggestellt. Es steht unter Denkmalschutz. Seit der documenta 9 im Jahre 1992 befindet sich (mit Unterbrechungen) die Klanginstallation »Three to One« des amerikanischen Künstlers Max Neuhaus in diesem Treppenhaus.

Adresse Friedrichsplatz 14, 34117 Kassel-Mitte | **ÖPNV** Tram 1, 3, 4, 5, 6, 8, RT 3, RT 4, Haltestelle Friedrichsplatz | **Öffnungszeiten** Mo–Mi, Fr 8.30–16.30 Uhr, Do 8.30–20 Uhr, Sa 9–13 Uhr | **Tipp** Immer was los ist im Kulturhaus Dock 4 direkt hinter dem Fridericianum (Untere Karlsstraße 4): Figurentheater, Kinder- und Jugendtheater, Poetry Slam, Musik und Tanz, Theater. www.dock4.de

103 Das Trott-zu-Solz-Denkmal

Ein Widerstandskämpfer des 20. Juli

Es drängt sich nicht gerade auf, das Trott-zu-Solz-Denkmal. Im Gegenteil, man muss sogar etwas danach suchen und sich ganz an die nördlichen Grenzen des Kasseler Stadtgebietes wagen, um es zu finden: nach Philippinenhof/Warteberg. »Adam von Trott zu Solz«, liest man da auf einem einfachen Gedenkstein, »Geburtsjahr 1909, Sterbejahr 1944. Er starb für die Freiheit.« Mehr nicht. Keine weitere Erläuterung. Nichts. Das Sterbejahr macht stutzig: 1944. – Richtig: Adam von Trott zu Solz war ein NS-Widerstandskämpfer, gehörte zum Kern des »Kreisauer Kreises«. Seit Herbst 1943 unterstützte er Claus Graf Schenk von Stauffenberg, der ihn noch einen Tag vor dem missglückten Attentat auf Hitler am 20. Juli 1944 besucht hatte. Am 25. Juli 1944 wurde Adam von Trott zu Solz verhaftet und am 26. August im Alter von nur 35 Jahren in Berlin-Plötzensee hingerichtet.

Wer war Adam von Trott zu Solz? Ein Spross hessischen Uradels. Seit 1253 lebt die Familie in den Dörfchen Solz und Imshausen, die heute zu Bebra (südöstlich von Kassel gelegen) gehören. Sein Vater August war Regierungspräsident in Kassel und später preußischer Kultusminister. Adam von Trott zu Solz besuchte das Wilhelms- und das Friedrichsgymnasium, studierte Jura in Göttingen, Berlin und München, erhielt ein Stipendium in Oxford, verbrachte ein Jahr in China und wurde 1940 Mitarbeiter im Auswärtigen Amt in Berlin. In Imshausen erinnert die Trott-zu-Solz-Stiftung an diesen heute fast vergessenen Kämpfer für die Freiheit.

Dies ist ein fast zu schöner Ort, um eines solch schrecklichen Endes zu gedenken. Ein kreisrunder Platz auf einer Kuppe, umstanden von schattenspendenden Ahornbäumen, Kiefern und Rosskastanien. Im Zentrum eine Eiche. Im Frühjahr kann man hier seltene Wilde Tulpen entdecken. Ein Grenzstein markiert etwas außerhalb des Baumrondells die Stadtgrenze zwischen Kassel und Vellmar.

Adresse Kragenhöfer Straße/Ecke Wahnhäuser Straße, 34127 Kassel-Philippinenhof/Warteberg | **ÖPNV** Bus 28, Haltestelle Warteberg | **Tipp** Tritt man aus dem Schatten des Baumrondells heraus, gelangt man unversehens auf eine Wiese und genießt einen weiten Blick hinab ins Ahnatal, auf Vellmar und hinüber zum Habichtswald mit dem Wahrzeichen Kassels, dem Herkules.

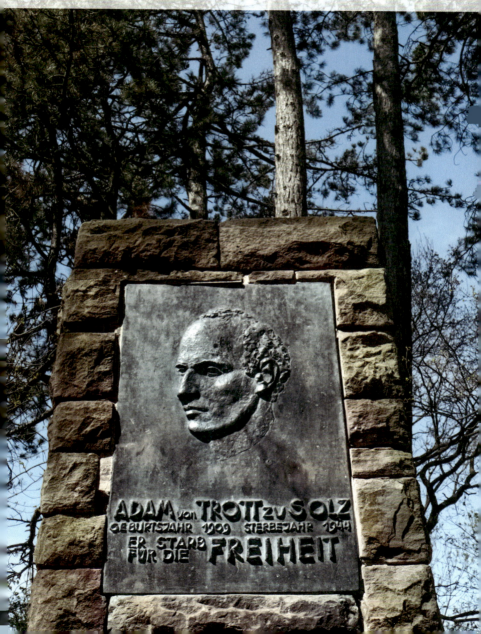

104 Der Urwald der Exoten
Der grüne Hügel Siebenbergen

Ist es gefährlich, auf der Insel Siebenbergen unterwegs zu sein? – Ja! Für Insekten und andere Krabbeltiere! Zwischen Urzeitschachtelhalm und Riesenrhabarber lauern nämlich fleischfressende Pflanzen auf Beute. Und wehe, wer ihren Trichtern zu nahe kommt! Der rutscht unweigerlich hinab und wird umgehend verdaut! Für Zweibeiner hingegen lohnt es sich unbedingt, dieses botanische Kleinod zu erkunden. Hier ist einfach alles schön. Es ist eine Zauberwelt, ein Pflanzen- und Blütenmeer. Ein breiter Wassergraben trennt diese elysischen Gefilde von allem Irdischen. Früher konnte man nur mit einem Nachen hierhergelangen – muss das romantisch gewesen sein! Heute erleichtert eine kleine Brücke das Hinüberkommen, nachdem man das Nadelöhr des Pförtnerhäuschens passiert hat. Einzig das Geschrei der Pfauen stört das Idyll. Überall und zu jeder Zeit blüht es, duftet es, entfalten sich nie gesehene Blätter, entrollen sich Farne, sprießen winzige Pflänzchen aus Mauerritzen oder recken sich mächtige Urwelt-Mammutbäume in den Äther. Um einen zentralen Hügel herum gruppieren sich Gewächse aus aller Welt: von den Alpen bis zum Himalaya, von Kanada bis nach Feuerland, vom Libanon bis zur Mandschurei, von Australien bis Kamtschatka.

Ein paar originelle Namen gefällig? Die Schachbrettblume oder das Leberblümchen, der Baumwürger oder die Stachelkraftwurz, der Blauschoten- oder der Guttaperchabaum, das Porzellanblümchen oder die Elfenblume, Dickmännchen oder Gedenkemein, Pfennig- oder Zimbelkraut. Eine ganze Schar fleißiger Gärtnerhände hegt und pflegt jeden Quadratzentimeter dieses südlichsten Zipfels der großartigen Karlsaue.

Die Insel Siebenbergen existiert bereits seit etwa 1730 in einer eher strengen, barocken Form. Die heutige Gestalt und Bepflanzung verdankt sie hauptsächlich Wilhelm Hentze, der von 1822 bis 1864 hier wirkte, und der Bundesgartenschau im Jahre 1981.

Adresse Auedamm (nahe Damaschkebrücke), 34121 Kassel-Süd | **ÖPNV** Bus 16, Haltestelle Siebenbergen | **Öffnungszeiten** April–3. Okt. Di–So 9 Uhr bis zum Einbruch der Dunkelheit (letzter Einlass 18 Uhr), Führung von Gärtnermeister Karl-Heinz Freudenstein unter Tel. 0561/31680123 | **Tipp** Für Wasserratten! Das neue Auebad direkt an der Fulda. Auedamm 21, 34121 Kassel-Süd (www.kassel-auebad.de)

105 Das Währungsreform-Museum

Das »Konklave« von Rothwesten

Es ist der 21. April 1948. Elf hochrangige Vertreter der deutschen Finanzwelt werden von den West-Alliierten nach Bad Homburg geladen. Was sie nicht wissen: Sie werden noch am selben Tag an einen unbekannten Ort gebracht. »Bird dog« heißt die streng geheime Mission. Und es geht um nicht mehr und nicht weniger als um die Einführung der Deutschen Mark. Die Elf wissen nicht, wohin sie fahren. Aus dem Bus, der sie transportiert, kann man nicht hinausschauen. Das Gebäude, in dem sie sich nun befinden, liegt in einem Wald, ist umzäunt, verriegelt und bewacht: Es handelt sich um das »Haus Posen« in der Fritz-Erler-Kaserne in Rothwesten, zehn Kilometer nördlich von Kassel. Dort beraten, durchdenken und planen sie in den nächsten sieben Wochen die Währungsreform wie in einem Konklave.

Wie war die Situation in Deutschland? Die Menschen hungerten, der Schwarzmarkt blühte. Seit fast drei Jahren schon hatten sich die Militärregierungen der vier Siegermächte nicht auf eine Währungsreform verständigen können. Die Sowjets waren am 20. März 1948 aus den Verhandlungen ausgestiegen, was de facto die Teilung Deutschlands bedeutete. Höchste Eile war geboten! Am 8. Juni 1948 waren die notwendigen Gesetze fertig. Am Freitag, dem 18. Juni, um 20 Uhr informierte eine Radio-Sondersendung die Deutschen über ihre neue Währung. Ab Sonntag, dem 20. Juni, erhielt jeder pro Kopf zunächst 40 D-Mark für 40 Reichsmark. Ab Montag, dem 21. Juni 1948, ist die Deutsche Mark alleiniges Zahlungsmittel. Die Scheine waren zwischenzeitlich in den USA gedruckt worden. 23.000 Kisten mit einem Gewicht von insgesamt 1.100 Tonnen wurden mit sieben Frachtern als »doorknob« (Türgriff) getarnt nach Deutschland verschifft.

Genau am historischen Originalschauplatz, an dem die Beratungen an einem großen, ovalen Eichenholztisch stattfanden, befindet sich heute das Währungsreform-Museum.

Adresse Fritz-Erler-Kaserne, Haus Posen, Tenenbaum-Straße, 34233 Fuldatal-Rothwesten | **ÖPNV** Bus 40, Haltestelle Am Fliegerhorst | **Öffnungszeiten** Führungen: 1. Sa im Monat 13 Uhr, Tel. 0561/8202442 (Bernd Niesel) | **Tipp** Greifen Sie nach den Sternen! Wo? Volkssternwarte Fuldatal-Rothwesten, Auf dem Häuschensberg. Geöffnet wird, wenn es sternenklar ist, bei Einbruch der Dunkelheit (vorher anrufen!), Sommerpause Mai bis August, Führungen: samstags, Tel. 05607/7712.

106 Der Waschbär-Treff
Willkommen in der Waschbärenhauptstadt Europas

Eigentlich sind sie ganz possierlich. Und überhaupt nicht scheu. Behände klettern sie senkrechte Baumstämme hinauf und hinab. Waschbären. – Wären sie doch geblieben, wo sie herkamen, denken viele Bewohner Kassels, wenn sie sich abschließbare Mülltonnen anschaffen müssen, Dachrinnen mit aufwendigen Abwehrmechanismen versehen, Hausecken mit großen, glatten Blechen »verzieren«, damit die ebenso gefräßigen wie neugierigen Kleinbären nicht die Herrschaft über Haus und Hof übernehmen. Denn längst sind sie in Kassel zur Plage geworden. Am meisten betroffen sind die Stadtteile, die an den Habichtswald angrenzen: Bad Wilhelmshöhe, Kirchditmold und Harleshausen.

Ein Jäger hatte 1934 die »glänzende« Idee, zwei Waschbärenpaare aus einem Gehege am Edersee auszuwildern, etwa 30 Kilometer Luftlinie von Kassel entfernt. Die ursprünglich nordamerikanischen Raubtiere, die eigentlich Allesfresser sind, haben sich in der Mitte Deutschlands sofort wohlgefühlt und kräftig vermehrt. Mittlerweile sind sie über das ganze Land verbreitet, stammen aber genetischen Untersuchungen zufolge alle (bis auf eine brandenburgische Population) von jenen beiden Paaren vom Edersee ab. In Kassel hat man von Frühjahr bis Herbst in der Dämmerung gute Chancen, diesen Kulturfolgern zu begegnen. Tagsüber ruhen sie auf Dachböden, in Baum- oder Erdhöhlen, in Gestrüpp oder in Schuppen. Wenn es kalt wird, halten sie eine Art Winterruhe. Beliebte Waschbär-Treffs sind zum Beispiel das Fuldaufer gegenüber der Orangerie (oder der Lac im Bergpark).

Bleibt noch die Frage zu klären, wie die Waschbären zu ihrem Namen kamen. Vielleicht weil sie sich gern an Gewässern aufhalten? Nein. Sie befühlen und betasten alles äußerst genau, was sie in ihre geschickten Vorderkrallen kriegen, und verschaffen sich so ein umfassendes Tastbild von dem, was sie verzehren. Das sieht dann aus, als würden sie es putzen oder waschen.

Adresse am Auedamm in der Nähe der Orangerie, 34121 Kassel-Südstadt (oder am Lac im Bergpark, 34131 Kassel-Wilhelmshöhe) | **ÖPNV** Bus 16, Haltestelle Orangerie (oder Tram 1, Haltestelle Wilhelmshöhe (Park)) | **Tipp** Kuschelige, sehr sympathische und waschechte Kasseler Plüsch-Waschbären kann man bei der Tourist-Information in der Wilhelmsstraße 23 kaufen.

107 Die Wasser-Spielereien
Ehemalige oder nie verwirklichte Wasserbilder

Wer kennt sie nicht? Die 300 Jahre alten Wasserkünste im Bergpark Wilhelmshöhe. UNESCO-Weltkulturerbe seit 2013. Doch wer kennt den Wolfschlucht-Wasserfall? Wer den Neuen Wasserfall? Wer die Vexierwassergrotte mit ihrer Wasserorgel?

Der Wolfsschlucht-Wasserfall sollte genau den Moment darstellen, in dem eine Mauer des Wassergrabens rund um die Löwenburg birst. Allein: Das Wasser reichte wohl nicht aus, um diese Illusion zu erzeugen, sonst hätten Fontäne und Aquädukt nicht mehr bespielt werden können. – Der Neue Wasserfall im Norden des Parks war der größte und mächtigste, den Karl Steinhofer 1828 kurz vor seinem Tod realisierte. Über drei Stufen stürzte das Wasser auf 16 Meter Breite fast 50 Meter in die Tiefe. Doch der Neue Wasserfall war im wahren Sinne des Wortes auf Sand gebaut: Zu viel Wasser versickerte. 1943 wurde er zum letzten Mal bespielt. – Im Bereich der barocken Wasserspiele befindet sich beim Artischockenbecken die Vexierwassergrotte. Eine wassergetriebene Orgel lockte Anfang des 18. Jahrhunderts Besucher mit den Flötentönen eines Pan oder Polyphem in die Grotte, wo sie durch plötzlich aus dem Boden spritzende Wasserstrahlen (die Vexierwasser) nass gespritzt wurden. Wird das ein Spaß für den Landgrafen gewesen sein!

Auch ohne diese drei nie, nicht mehr oder vielleicht bald wieder bespielten Teile der Wasserkünste sind diese noch mehr als eindrucksvoll: Los geht es bei den Kaskaden unterhalb des Herkules. Danach wird der Steinhöfer Wasserfall bespielt. Später rauschen die Fluten über einen Wassersturz, der einer Alpenszenerie nachempfunden ist, unter der Teufelsbrücke hindurch. Danach stürzt das Nass jäh über die Kante eines wie durch ein Erdbeben zerstörten römischen Aquäduktes über 20 Meter in die Tiefe. Im Fontänenteich schließlich der Höhepunkt: 50 Meter hoch stiebt eine Fontäne wie ein Geysir in den Himmel vor Schloss Wilhelmshöhe.

Adresse Bergpark Wilhelmshöhe, 34131 Kassel-Bad Wilhelmshöhe | **ÖPNV** Tram 1, Haltestelle Wilhelmshöhe (Park); von dort (nur zu den Terminen der Wasserspiele!) mit dem Bus 23 zum Herkules. Oder mit Tram 3 zur Endstation Druseltal und mit Bus 22 bis zur Haltestelle Herkules | **Öffnungszeiten** Mai – 3. Okt. Mi, So, Feiertage (Beginn: 14.30 Uhr Kaskaden, 15.05 Uhr Steinhöfer Wasserfall, 15.20 Uhr Teufelsbrücke. 15.30 Uhr Aquädukt, 15.45 Uhr Fontäne, man kann dem Lauf des Wassers bequem zu Fuß folgen.) | **Tipp** An einigen Terminen im Jahr gibt es beleuchtete Wasserspiele (www.museum-kassel.de).

108 Der Weinbergbunker

Im kühlen Kalksteinlabyrinth

Unter Platzangst darf man keinesfalls leiden, will man sich in die Bunkeranlagen direkt unter dem Weinberg an der Frankfurter Straße begeben. Durch niedrige Stahltüren geht es hinein, und durch schmale, nicht einmal mannshohe, gemauerte Stollen muss der Mensch hindurch, bevor er zunächst in etwas größere, höhere Räume gelangt. Konstant zehn Grad beträgt die Temperatur, 90 Prozent die Luftfeuchte. Eine Besichtigung ist nur im Rahmen einer Führung möglich: Man würde sich sonst unweigerlich verirren in diesem Labyrinth der Gänge.

Im Jahr 1821 wurde die Stollenanlage unter dem Weinberg von der Stadt Kassel in den Muschelkalk getrieben. Nicht etwa als Schutzraum oder Bunker, nein – als Bierkeller. Ab 1824 nutzte eine Brauerei namens Ostheimer erstmals die Stollen, die sich direkt unter wunderschönen Biergärten in den Parkanlagen direkt darüber befanden. Um das Bier zu kühlen, wurde ein spezieller Raum im Winter mit Eis befüllt, welches dort immerhin ein halbes Jahr lang aufbewahrt werden konnte. – Und da wir gerade bei alkoholischen Getränken sind: Rund um den Weinberg wurden im Mittelalter und bis ins 17. Jahrhundert tatsächlich Reben angebaut, was für ein milderes Klima in dieser Zeit spricht – daher sein Name.

Im Zweiten Weltkrieg wurde der Weinbergbunker als Schutzraum ausgebaut und genutzt. Insbesondere in der schrecklichen Bombennacht vom 22. Oktober 1943, in der über 80 Prozent der Stadt Kassel zerstört wurden. Über 7.000 Menschen suchten in jener Nacht in diesem 3.200 Quadratmeter großen Gewölbe Schutz; das sind mehr als zwei Menschen pro Quadratmeter! Man stelle sich die drangvolle Enge vor, das Vibrieren des Felsens, den Sauerstoffmangel infolge des Feuersturms, die panische Angst, hier nicht mehr lebend herauszukommen. Doch die 20 bis 30 Meter hohe Felsschicht über den Köpfen der Kasseler hielt dem Bombenhagel der Alliierten stand.

Adresse Frankfurter Straße (Haltestelle Am Weinberg), 34121 Kassel-Süd | **ÖPNV** Tram 5, 6, RT 5, Bus 12, Haltestelle Am Weinberg | **Öffnungszeiten** nur mit Führung durch den Feuerwehrverein: jeden 1. Mo im Monat 18 Uhr; Anmeldung: www.kassel.de, Suchbegriff: »Bunkerführung« | **Tipp** Das »Kafé am Weinberg« in der Frankfurter Straße 54 ist studentisch-gemütlicher Szenetreff der Studierenden der nahen Kunsthochschule und Veranstaltungsort (http://weinberg-kafe.de).

109 Der Western Shop
Wilder Westen in Wehlheiden

Western- und Country-Liebhaber kennen ihn seit 1980 bestens: den Western Shop in Kassel. Die Mund-zu-Mund-Propaganda innerhalb der Szene reicht völlig aus. Viele nehmen lange Wege dafür in Kauf, hier einkaufen zu können, denn hier gibt es qualitativ hervorragende und originalgetreue zeitgenössische Western-Outfits unter einem hauseigenen Label.

Das mächtige 1907 erbaute Gebäude an der Frankfurter Straße wirkt von außen eher abweisend. Dabei hat es eine interessante Geschichte: Es war das Offizierskasino der »Hessenjäger«. Wer es betritt, begibt sich auf eine Zeitreise zu einer uns allen aus zahlreichen Filmen sehr vertraut erscheinenden Kultur: in die Welt des Wilden Westens zwischen 1850 und 1890. Der Eingangsbereich und ein weiterer Raum haben fast schon musealen Charakter. Dort kann man originale Uniformteile aus dem amerikanischen Bürgerkrieg ebenso bewundern wie den prächtigen Kopfschmuck eines Indianerhäuptlings.

Doch wer hierherkommt, der will sich einkleiden. Der hat ein Faible für John Wayne und Bonanza, ist Western-Reiter, Country-Fan oder Mitglied in einem entsprechenden Verein. Und der findet hier wahrlich alles, was das Cowboy- und Cowgirl-Herz höherschlagen lässt, aber auch das eines Händlers, eines Spielers, einer Bardame oder einer (Stadt-)Indianerin.

Das Besondere: Der »Old Style« ist zum Teil authentisch nach alten Vorbildern selbst entworfen, gewebt und geschneidert. Und da es sich meist um Arbeits- oder eine frühe Form von Funktionskleidung handelte, sind die Stoffe entsprechend robust. Für Damen gibt es Röcke und Blusen, Schnürschuhe und Schmuck bis hin zu Strumpfbändern. Für Männer Arbeits- oder Ausgehhosen mit den dazu passenden Hosenträgern, Stehkragenhemden und Westen, Hüte und Stiefel (nebst Sporen). Dazu Nord- und Südstaatenuniformen für Vereine sowie Patronengurte und Satteltaschen für Hobby-Cowboys.

Adresse Frankfurter Straße 140 D, 34121 Kassel-Süd | **ÖPNV** Tram 5, 6, RT 5, Bus 12, Haltestelle Park Schönfeld | **Öffnungszeiten** Di–Sa 11–18 Uhr | **Tipp** Nicht nur eine ruhige Bowlingkugel kann man im lebhaften Bowling-Center in der Bosestraße 1 schieben, sondern auch Billard spielen, Flipper, Dart, Airhockey oder Tischkicker.

110 Die Wurst-Manufaktur
Ahle Wurscht: Das ganze Schwein muss rein!

Da hängen sie von der Decke wie im Schlaraffenland: die »Dürren Runden«, die »Keulen« oder die »Stracken«. Ihre kuriosen Namen verdankt die Ahle Wurscht ihren unterschiedlichen Formen. – Doch was ist das eigentlich, Ahle Wurscht? Wie der mundartliche Name schon verrät: eine »alte« Wurst, meist (und ursprünglich) eine luftgetrocknete. Das Fleisch muss unbedingt schlachtwarm zu Brät verarbeitet werden und stammt vom ganzen Tier, im besten Fall von einer alten Landschweinrasse. Mindestens vier Wochen lang reift die Ahle Wurscht in einer speziellen »Wurstkammer« in einem luftigen, gekühlten Lehm-Fachwerkhaus; manche sogar ein ganzes Jahr! Der Ort der Reife verfügt über eine einzigartige Mikroflora – und diese ist ganz entscheidend für den späteren Geschmack!

Um die nordhessische Spezialität werden gern Geheimnisse gemacht. So erfährt nur der beste Freund, woher die besonders lecker schmeckende »Stracke« mit dem mürben Biss und dem feinen Aroma stammte, die man letztens gemeinsam verzehrte. Ahle Wurscht in traditioneller Qualität kann man nur in einigen sehr guten Fleischerei-Fachgeschäften in Kassel kaufen. Wie zum Beispiel in der Feinkost-Fleischerei Rohde. Dort wird die Ahle Wurscht hergestellt wie früher »auf dem Dorfe«. Fleischermeister Rohde ist Mitbegründer des »Fördervereins Nordhessische Ahle Wurscht«, der sich um die Bewahrung dieser regionalen Besonderheit verdient macht. Die Vereinigung »Slow food« bezeichnet diese Wurst gar als ein »vom Aussterben bedrohtes Lebensmittel«. Für Nordhessen trifft das sicherlich nicht zu; am besten, Sie probieren sich einfach selbst durch das Angebot.

Und wie isst man Ahle Wurscht? Am besten mit einer Scheibe Roggen-Sauerteigbrot, einer Gurke – und in guter Gesellschaft. Wie sonst könnte man über die Vorzüge der Wurscht dieses oder jenes Produzenten so trefflich philosophieren? Denn das gehört unbedingt dazu zum Genuss.

Adresse Feinkost-Fleischerei Rohde, Frankfurter Straße 67, 34121 Kassel-Südstadt | **ÖPNV** Tram 5, 6, RT 5; Bus 12, 500; Haltestelle Am Weinberg | **Öffnungszeiten** Mo–Do 6.30–14 Uhr, Fr 6.30–18 Uhr, Sa 6.30–13 Uhr | **Tipp** Vom Dichtungsring bis zum Brotkasten findet man so ziemlich alles für Haushalt und Handwerk bei Eisenwaren Koch in der Frankfurter Straße 57. Eine Fundgrube!

111 Ziege & Harjes
Piraten gehen immer

Wer einmal ein schräges Outfit tragen will wie Thomas Gottschalk oder sich fühlen wie Johnny Depp in »Fluch der Karibik«, der wird beim Kostümverleih Ziege & Harjes garantiert fündig. Piraten gehen immer: eine brokatbesetzte Samtjacke mit goldenen Knöpfen, dazu das passende Rüschenhemd und ein enges Beinkleid oder eine Pluderhose; fehlt nur noch die Augenklappe und ein Tuch auf dem Kopf. Und während den herbstblonden Thomas zumindest teilweise noch die eigenen Locken zieren, braucht ein anderer vielleicht eine passende Perücke zum Sakko im Leopardenlook.

Wer jetzt nur an Karneval denkt, der vergisst den Weihnachtsmann, Krippenspiele mit Hirten, Engeln, Ochs und Esel, Motto-Partys. Im Moment sind die psychedelischen 1970er Jahre gerade groß in Mode und speziell hier in Nordhessen: die Märchen der Brüder Grimm. Ob Wolf oder Rotkäppchen, Schneewittchen oder einer der sieben Zwerge: In welche Rolle man auch immer schlüpfen möchte, hier gibt es das entsprechende Gewand.

Ziege & Harjes in der Werner-Hilpert-Straße ist seit 1949 eine Institution. Hauptsächlich werden Karnevalsvereine in der Umgebung ausgestattet: Das Angebot reicht vom Konfetti bis zum Orden, von der Luftschlange bis zum Garderöckchen. Auch Individualisten kommen auf ihre Kosten: Charlie Chaplin, Graf Dracula, Asterix und Obelix, Elvis oder Jimmy Hendrix, Shrek oder Balu feiern fröhliche Urstände. Ganze Epochen leben wieder auf wie das Mittelalter oder die goldenen 1920er Jahre.

Alle Kostüme kann man auch kaufen. Die Materialien sind hochwertig und bei 60 Grad waschbar, sonst könnte man sie nicht verleihen. Die Leihgebühr für ein Wochenende ist überschaubar, bedenkt man die perfekte Ausstattung. Außerdem gibt es hier alles für die Party, von der Pappnase bis zum Pupskissen, oder für die Veranstaltung, von der Eintrittskarte bis zum Feuerwerk (mit Genehmigung auch für private Anlässe).

Adresse Werner-Hilpert-Straße 8, 34117 Kassel-Mitte | **ÖPNV** RT 3, RT 4, Bus 10, 12, 17, 18, 19, Haltestelle Hauptbahnhof; Tram 7, RT 3, RT 4, Haltestelle Lutherplatz |
Öffnungszeiten Mo, Mi–Fr 9.30–13 und 14.30–18 Uhr, Di, Sa 9.30–13 Uhr | **Tipp**
Auf dem »Altstädter Friedhof« bei der Lutherkirche kann man unter anderen noch ein Kurfürstengrab, das Grab der Mutter der Brüder Grimm (Dorothea) und das Grab von Jost Bürgi finden.

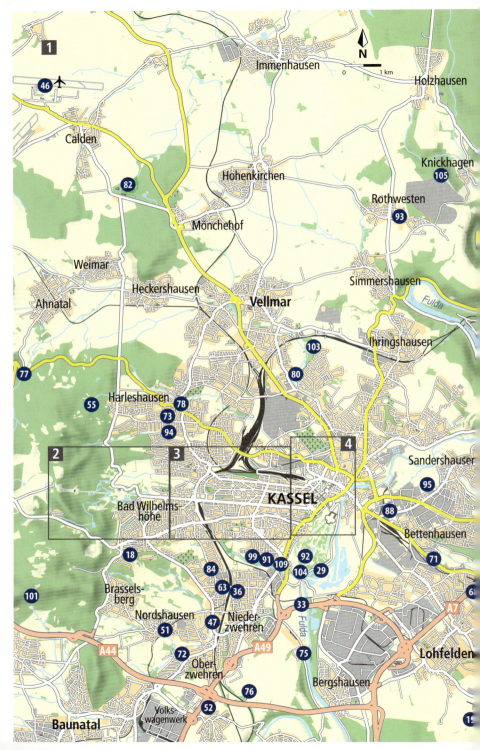

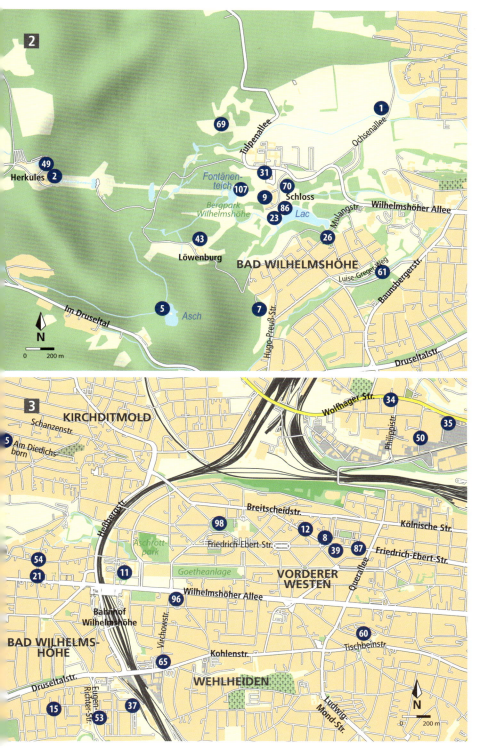

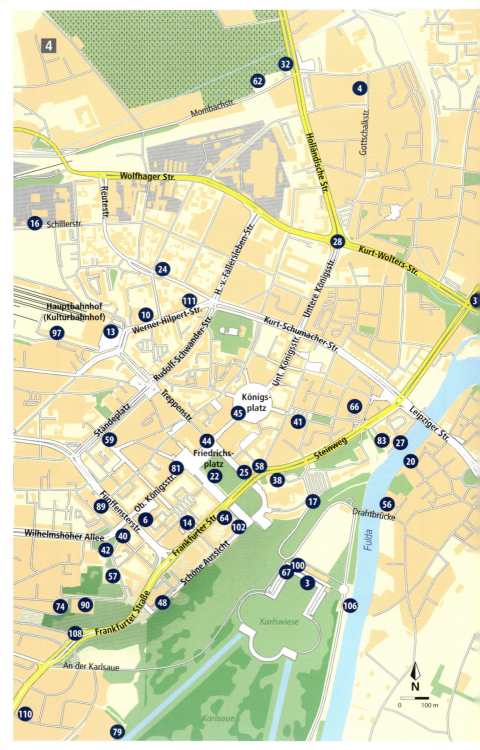

Entdecken Sie viele weitere spannende und ungewöhnliche Titel der 111er-Reihe:

Eva Wodarz-Eichner
111 Orte in Wiesbaden, die man gesehen haben muss
ISBN 978-3-95451-670-4

Rike Wolf, Tom Wolf
111 Orte in Frankfurt, die man gesehen haben muss
ISBN 978-3-95451-342-0

Christina Marx, Ingrid Schick
111 Orte im Vogelsberg und in der Wetterau, die man gesehen haben muss
ISBN 978-3-95451-227-0

Gertrud Steiger, Joachim Steiger
111 Orte im Odenwald, Spessart und an der Bergstraße, die man gesehen haben muss
ISBN 978-3-89705-945-0

Dorothee Fleischmann,
Carolina Kalvelage
111 Orte in Budapest, die man gesehen haben muss
ISBN 978-3-95451-744-2

Floriana Petersen
111 Orte in San Francisco, die man gesehen haben muss
ISBN 978-3-95451-750-3

Andrea Livnat,
Angelika Baumgartner
111 Orte in Tel Aviv, die man gesehen haben muss
ISBN 978-3-95451-703-9

Oliver Schröter, Falk Saalbach
111 Orte in Zürich, die man gesehen haben muss
ISBN 978-3-95451-538-7

Cornelia Lohs
111 Orte in Bern, die man gesehen haben muss
ISBN 978-3-95451-669-8

Giulia Castelli Gattinara,
Mario Verin
111 Orte in Mailand, die man gesehen haben muss
ISBN 978-3-95451-617-9

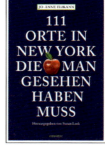

Cornelia Ziegler,
Chris Sindermann
111 Orte auf Kreta, die man gesehen haben muss
ISBN 978-3-95451-540-0

Dorothee Fleischmann,
Carolina Kalvelage
111 Orte an der Costa Brava, die man gesehen haben muss
ISBN 978-3-95451-561-5

Jo-Anne Elikann
111 Orte in New York, die man gesehen haben muss
ISBN 978-3-95451-512-7

Ralf Nestmeyer
111 Orte an der Côte d'Azur, die man gesehen haben muss
ISBN 978-3-95451-563-9

Thomas Fuchs
111 deutsche Biere, die man getrunken haben muss
ISBN 978-3-95451-414-4

Rüdiger Liedtke, Laszlo Trankovits
111 Orte in Kapstadt, die man gesehen haben muss
ISBN 978-3-95451-456-4

Gerd Wolfgang Sievers
111 Orte in Venedig, die man gesehen haben muss
ISBN 978-3-95451-352-9

Eckhard Heck
111 Orte in Maastricht, die man gesehen haben muss
ISBN 978-3-95451-368-0

Petra Sophia Zimmermann
111 Orte am Gardasee und in Verona, die man gesehen haben muss
ISBN 978-3-95451-344-4

Marcus X. Schmid, Halûk Uluhan
111 Orte in Istanbul, die man gesehen haben muss
ISBN 978-3-95451-333-8

Christiane Bröcker, Babette Schröder
111 Orte in Stockholm, die man gesehen haben muss
ISBN 978-3-95451-203-4

Oliver Schröter
111 Orte für echte Männer, die man gesehen haben muss
ISBN 978-3-95451-228-7

Thomas Fuchs
111 Orte in Amsterdam, die man gesehen haben muss
ISBN 978-3-95451-209-6

Annett Klingner
111 Orte in Rom, die man gesehen haben muss
ISBN 978-3-95451-219-5

John Sykes, Birgit Weber
111 Orte in London, die man gesehen haben muss
ISBN 978-3-95451-117-4

Bernd Imgrund
111 deutsche Wirtshäuser, die man gesehen haben muss
ISBN 978-3-95451-080-1

Susanne Thiel
111 Orte in Madrid, die man gesehen haben muss
ISBN 978-3-95451-118-1

Dirk Engelhardt
111 Orte in Barcelona, die man gesehen haben muss
ISBN 978-3-95451-066-5

Stefan Spath
111 Orte in Salzburg, die man gesehen haben muss
ISBN 978-3-95451-114-3

Ralf Nestmeyer
111 Orte in der Provence, die man gesehen haben muss
ISBN 978-3-95451-094-8

Peter Eickhoff, Karl Haimel
111 Orte in Wien, die man gesehen haben muss
ISBN 978-3-89705-969-6

Rike Wolf
111 Orte in Hamburg, die man gesehen haben muss
ISBN 978-3-89705-916-0

Rüdiger Liedtke
111 Orte auf Mallorca, die man gesehen haben muss
ISBN 978-3-89705-975-7

Lucia Jay von Seldeneck, Verena Eidel, Carolin Huder
111 Orte in Berlin, die man gesehen haben muss
ISBN 978-3-89705-853-8

Rüdiger Liedtke
111 Orte in München, die man gesehen haben muss
ISBN 978-3-89705-892-7

Lucia Jay von Seldeneck, Verena Eidel, Carolin Huder
111 Orte in Berlin, die man gesehen haben muss
Band 2
ISBN 978-3-95451-207-2

Bernd Imgrund, Britta Schmitz
111 Kölner Orte, die man gesehen haben muss
Band 1
ISBN 978-3-89705-618-3

Bernd Imgrund, Britta Schmitz
111 Kölner Orte, die man gesehen haben muss
Band 2
ISBN 978-3-89705-695-4

Marx de Morais
111 Orte in Turin und im Piemont, die man gesehen haben muss
ISBN 978-3-95451-736-7

Mercedes Korzeniowski-Kneule
111 Orte in Basel, die man gesehen haben muss
ISBN 978-3-95451-702-2

Dank

Mehr als 111 Menschen wäre an dieser Stelle zu danken! Stellvertretend für alle, die sich oft ehrenamtlich um einen der vorgestellten Orte kümmern, die uns persönlich Auskünfte erteilt haben, Bücher geschrieben, Tageszeitungen gemacht, Webseiten mit Informationen gefüllt, Führungen kompetent geleitet … seien hier einige wenige namentlich genannt:
Meine Frau Susanne, ohne deren Recherchen dieses Buch so nicht hätte entstehen können; Annette Ulbricht für ihre kritische, erste Durchsicht des Manuskripts; Jörg Minkel, Kasseler Urgestein, der uns vor Fettnäpfen bewahrt hat; unsere 90 Jahre alte Tante Eri Franke, die noch so viel von früher wusste; und meine Lektorin Saskia Römer, die aus hoffentlich guten Texten noch bessere gemacht hat. Wir hoffen, unsere Fehler, die wir sicher gemacht haben, sind entschuldbar, und freuen uns über viele hilfreiche Verbesserungsvorschläge oder weitere, interessante Entdeckungen unserer Leser an den Verlag. Ein wichtiger Hinweis: 2017 reformieren die Kasseler Verkehrsbetriebe (www.kvg.de) das Buslininetz; die Änderungen können wir leider erst in der nächsten Auflage berücksichtigen.

Die Autoren

Dietmar Hoos ist promovierter Biologe und arbeitet als freier Autor und Wander-Reiseleiter. Zuletzt erschien von ihm der »Wanderführer Spanischer Jakobsweg« im Michael Müller Verlag. Dietmar Hoos kennt Kassel seit 2003 und lebt seit 2009 freiwillig dort.

Susanne Hoos arbeitete über 20 Jahre lang im Fotoarchiv der Nürnberger Zeitung und hat dort ihren Blick für Motive geschärft. Sie hat bereits die Bilder für den »Wanderführer Spanischer Jakobsweg« beigesteuert. Jetzt bannt sie eher unbekannte Orte ihrer Geburtsstadt Kassel auf Zelluloid – sorry: CMOS-Sensoren …